A TUTELA PROVISÓRIA NO NOVO DIREITO PROCESSUAL CIVIL BRASILEIRO

Raphael Corrêa

A TUTELA PROVISÓRIA NO NOVO DIREITO PROCESSUAL CIVIL BRASILEIRO

GZ EDITORA
Rio de Janeiro
2018

1ª edição - 2018

Presidente do Conselho Editorial
Nelson Nery

Diagramação
Olga Martins

CIP – Brasil. Catalogação-na-fonte.
Sindicato Nacional dos Editores de Livros, RJ.

C849t

Corrêa, Raphael
A tutela provisória no novo direito processual civil brasileiro / Raphael Corrêa. - 1. ed. - Rio de Janeiro: LMJ Mundo Jurídico, 2018.
172 p.: il.; 24 cm.

Inclui bibliografia e índice
ISBN 978-85-9524-032-2

1. Direito processual. 2. Processo civil. I. Título.

18-47825

CDU: 347.91/.95(81)

GZ EDITORA

e-mail: contato@editoragz.com.br
www.editoragz.com.br
Av. Erasmo Braga, 299 – sala 202 – 2º andar
Centro – Rio de Janeiro – RJ – CEP 20010-170
Tels.: (0XX21) 2240-1406 / 2240-1416 – Fax: (0XX21) 2240-1511

Impresso no Brasil
Printed in Brazil

À Ana,
minha parceira de caminhada, meu amor.

APRESENTAÇÃO

Aceitamos, com satisfação, o convite para apresentar a obra "A Tutela Provisória no Novo Direito Processual Civil Brasileiro", de Raphael Corrêa. O trabalho se originou da tese de doutoramento do autor, apresentada à Pontifícia Universidade Católica de São Paulo, cuja banca de defesa tive o ensejo de integrar.

O autor se debruçou sobre tema que nos é muito caro: as tutelas provisórias. Para tanto, Raphael Corrêa dedicou o primeiro capítulo de seu trabalho à compreensão da normatização dada pelo Código de Processo Civil de 2015 às tutelas provisórias, captando as principais mudanças, que não foram poucas, em relação ao Código Buzaid.

Em seguida, o autor analisa os conceitos de tutela definitiva, tratando da satisfatividade e da cautelaridade, sustentando que é errônea a ideia de que a tutela cautelar não é definitiva, sustentando, que somente os seus efeitos é que são temporários.

No capítulo seguinte, o autor volta a tratar das inovações do CPC vigente, agora sob o enfoque dos procedimentos adotados pelo legislador, especialmente em relação às espécies de tutela provisória.

O capítulo 4 da obra é dedicada ao estudo da coisa julgada, o que se mostra essencial para a análise do procedimento antecedente por meio do qual se requer a concessão de tutela de urgência antecipada, tema do capítulo 5 da obra. Neste capítulo, o autor faz interessante análise da chamada "estabilização da tutela antecipada", a principal inovação do Código em matéria de tutela provisória, fruto da evolução de estudos elaborados de há muito pela doutrina brasileira, sobretudo no que concerne à sua relação com a coisa julgada, principalmente após o decurso do prazo para ajuizamento da ação tratada pelo §2º, do art. 304.

No capítulo seguinte, a obra trata da tutela cautelar, abordando a subsistência das espécies típicas, como o arresto ou o sequestro, bem como o procedimento para o seu requerimento – incidental ou antecedente.

O último capítulo do trabalho ora analisado se dedica à tutela da evidência, fruto também do alvitre da doutrina, sobretudo do Min. Luiz Fux, mas que contou com regramento específico no Código. Neste capítulo, aborda-se as hipóteses previstas pelo art. 311, do CPC/2015.

Em síntese, a obra "A Tutela Provisória no Novo Direito Processual Civil Brasileiro", de Raphael Corrêa, promove interessante e dedicada análise de tema dos mais importantes do processo civil moderno, que não deve oferecer solução tardia ao jurisdicionado.

Ficam, portanto, nossos cumprimentos ao autor pela excelente obra e à GZ Editora, pela publicação do trabalho, que certamente trará sua contribuição à doutrina processual.

São Paulo, 26 de fevereiro de 2018

EDUARDO ARRUDA ALVIM
Doutor e Mestre em Direito Processual Civil pela PUC/SP.
Professor dos cursos de doutorado, mestrado, especialização
e bacharelado da PUC/SP e da FADISP. Advogado.

PREFÁCIO

Raphael Corrêa escreveu este primoroso, amplo e profundo trabalho intitulado A TUTELA PROVISÓRIA NO NOVO DIREITO PROCESSUAL BRASILEIRO, para obter o título de Doutor em Direito Processual Civil pela PUC-SP, tendo sido aprovado com o conceito máximo pela banca examinadora.

Foi meu orientando e, durante o período de orientação, proporcionou-nos interessantes diálogos e reflexões acerca do tema de sua tese, elaborada com pena de verdadeiro jurista e professor, certamente em razão de sua vasta experiência como docente em diversas instituições de ensino, tanto a nível de graduação como de pós-graduação.

Escolheu enfrentar um tema muito difícil não apenas por sua complexidade mas especialmente porque essa matéria recebeu tratamento totalmente novo no Código de Processo Civil de 2015, razão pela qual, quando do início de seus estudos, era ainda bastante escassa a literatura, exigindo de seu autor muita criatividade e conhecimento do assunto, tendo sido demonstrada significativa maturidade no trato do tema.

O exame vasto que o autor fez sobre a tutela provisória de urgência e de evidência é de extrema importância para a compreensão do instituto.

Após discorrer sobre a tutela definitiva, distinguindo a tutela satisfativa da tutela cautelar, ingressa o autor no trato das tutelas provisórias, discorrendo sobre as principais inovações trazidas pelo novo CPC, fazendo a necessária distinção entre a tutela provisória de urgência e a tutela provisória de evidência.

Em seguida, faz o autor uma profunda análise da evolução das tutelas de urgência, especificando seus requisitos e tratando da caução, da responsabilização objetiva da tutela de urgência bem como da fungibilidade entre as diversas modalidades de tutela de urgência.

Na sequência, trata o autor do momento em que pode ser deferida a tutela de urgência, tanto aquela concedida liminarmente como aquela deferida quando do provimento final e, ainda, daquela determinada em grau recursal, abordando também com maestria a questão relativa à duração da tutela provisória.

Antes de ingressar no trato da tutela provisória de urgência antecipada, aprofunda-se o autor na análise dos diversos tipos de pronunciamentos judiciais, sua efetivação e estabilização através da coisa julgada material, com vista a, em seguida, abordar a questão da estabilização da tutela provisória, como um microssistema especial do novo CPC, detalhando o que se entende por estabilização, definindo seus requisitos e discorrendo sobre a forma de impugnação da tutela provisória estabilizada.

Em seguida, esgota o autor o trato da tutela de urgência cautelar, seus requisitos, modalidade, formas e momentos para seu requerimento, incidente e antecedente.

Ao final, ingressa o autor no estudo da tutela provisória de evidência, abordando com pena de jurista as diversas hipóteses desse tipo de tutela.

Pelo seu conteúdo e utilidade prática e doutrinária, estão de parabéns tanto o autor como a editora por proporcionar à comunidade jurídica o acesso a um trabalho de excelente nível sobre um assunto extremamente atual e relevante.

NELSON LUIZ PINTO

SUMÁRIO

APRESENTAÇÃO VII
PREFÁCIO IX

INTRODUÇÃO 1

1. A SISTEMÁTICA DO NOVO CÓDIGO DE PROCESSO CIVIL COM RELAÇÃO ÀS TUTELAS PROVISÓRIAS E A EC 45/2004 7

2. A TUTELA DEFINITIVA: SATISFATIVA E CAUTELAR 13

3. AS TUTELAS PROVISÓRIAS 17

3.1. Principais inovações no regramento da Tutela Provisória e alguns esclarecimentos 17

3.2. A tutela provisória de urgência e a tutela da evidência - aspectos gerais 37

3.3. Regramento geral da tutela provisória 39

3.4. Análise da evolução das tutelas de urgência 39

3.4.1. A homogeneização dos requisitos de concessão 42

3.4.2. Caução 47

3.4.3. Responsabilização objetiva na tutela provisória de urgência 49

3.4.4. Audiência de justificação 54

3.4.5. Fungibilidade entre as tutelas de urgência 55

3.5. Momento de concessão da tutela provisória de urgência 57

3.5.1. Liminar 58

3.5.2. Quando do provimento final de primeiro grau 60

3.5.3. Quando em grau recursal 60

3.6. Duração da tutela provisória e sua eficácia temporal 61

3.7. Os pronunciamentos decisórios do juiz 63

3.7.1. Dever de motivação das decisões judiciais 64

3.7.2. Elementos das decisões judiciais: relatório 65

3.7.3. Elementos das decisões judiciais: fundamentação 66

3.7.3.1. Decisões não fundamentadas: seus aspectos particulares 69

3.8. Elementos das decisões judiciais: dispositivo 75
3.9. Competência 76
3.10. Efetivação das tutelas provisórias de urgência 77
3.11. Obstáculos à tutela provisória 79
4. A COISA JULGADA 83
4.1. Aferição da coisa julgada e o fundamento constitucional 86
4.1.1. Coisa julgada formal e coisa julgada material 86
4.1.2. Coisa julgada parcial e coisa julgada total 88
4.2. Elementos da ação: a tríplice identidade 89
4.2.1. Coisa julgada *pro et contra, secundum eventum litis* e *secundum eventum probationis* 89
4.3. Limites objetivos e subjetivos da coisa julgada e eficácia preclusiva da coisa julgada 91
4.4. Atuação cognitiva do juiz: a técnica de cognição parcial e sumária 94
5. A TUTELA PROVISÓRIA DE URGÊNCIA ANTECIPADA 99
5.1. Pressupostos gerais e específicos 102
5.1.1. Pressupostos gerais positivos e negativos 102
5.2. Forma de requerimento: incidental ou antecedente 107
5.3. A tutela provisória de urgência antecipada em caráter antecedente . 108
5.3.1. O microssistema das tutelas provisórias e a técnica de monitorização da tutela provisória de urgência antecipada antecedente 109
5.4. A autonomia e a estabilidade da tutela de urgência antecipada e antecedente 116
5.4.1. Os requisitos legais para a estabilização 118
5.4.2. A estabilização da tutela provisória de urgência antecipada antecedente e a coisa julgada 120
5.5. Ação de impugnação ou confirmação da decisão estabilizada e o prazo para a sua propositura 121
5.6. A superestabilidade e a coisa julgada em ações propostas em prazo superior a dois anos da ciência da decisão que extinguiu o processo 125
6. A TUTELA PROVISÓRIA DE URGÊNCIA CAUTELAR 129
6.1. Pressupostos Gerais e específicos 131

6.2. Espécies de Tutela Cautelar e o Poder Geral de Cautela ... 132
6.2.1. Arresto ... 132
6.2.2. Sequestro ... 132
6.2.3. Arrolamento de bens ... 132
6.2.4. Registro de protesto contra alienação de bem ... 133
6.2.5. Poder Geral de Cautela ... 133
6.3. Forma de requerimento: incidental ou antecedente ... 134
6.3.1. A tutela provisória de urgência cautelar em caráter antecedente ... 134
6.3.2. A tutela provisória de urgência cautelar em caráter incidental ... 136
7. A TUTELA PROVISÓRIA DA EVIDÊNCIA ... 137
7.1. Hipóteses de tutela provisória da evidência ... 139
7.1.1. Quando *ficar caracterizado o abuso do direito de defesa ou o manifesto propósito protelatório da parte* ... 139
7.1.2. Quando *as alegações de fato puderem ser comprovadas apenas documentalmente e houver tese firmada em julgamento de casos repetitivos ou em súmula vinculante* ... 141
7.1.3. Quando *se tratar de pedido reipersecutório fundado em prova documental adequada do contrato de depósito, caso em que será decretada a ordem de entrega do objeto custodiado, sob cominação de multa* ... 142
7.1.4. Quando *a petição inicial for instruída com prova documental suficiente dos fatos constitutivos do direito do autor, a que o réu não oponha prova capaz de gerar dúvida razoável* ... 142
7.2. Momento de concessão da tutela provisória da evidência e os reais motivos para seu requerimento ... 143
ALGUNS COMENTÁRIOS ... 144
BIBLIOGRAFIA ... 153

INTRODUÇÃO

O Código revogado, e isso é bem assentado na doutrina, durante pouco mais de duas décadas fora a resposta razoável aos anseios dos jurisdicionados. Em meados dos anos 1990 o CPC/1973 passou por inúmeras reformas, como, por exemplo, a introdução do instituto da antecipação dos efeitos da tutela jurisdicional até culminar nas alterações à sistemática das execuções.

Referidas reformas fizeram dele verdadeira *colcha de retalhos* e objetivavam adaptar aquela legislação à evolução social. Acontece que, como em toda reforma, as alterações sucessivas acabam, sob o pretexto de adaptar o sistema, enfraquecendo a própria higidez e integridade do mesmo sistema.

A nova sistemática processual civil, longe de importar em uma espécie de revolução processual, tem como uma de suas intenções proporcionar à sociedade o reconhecimento e a realização dos direitos fundamentais ameaçados ou violados e, para isso, pretende ser harmônica com as garantias constitucionais de um Estado Democrático de Direito.

É certo que, se o instrumento a viabilizar essas garantias se demonstra ineficiente, todo o ordenamento jurídico-constitucional passa a não mais dispor da esperada efetividade. E, por isso, e assim deve ser encarado o Novo Código como um entrelaçado de sistemas e procedimentos em que se imagina que somente pode haver a realização dos valores constitucionais se a resolução de conflitos se der no tempo e modo adequados e com a efetividade e segurança jurídica necessárias, uma vez que essa legislação deve ser encarada como desdobramento da Constituição Federal.

O Novo CPC, muito embora não seja absolutamente inovador, criou momento próprio às tutelas provisórias e as dividiu entre tutela da urgência e tutela da evidência, fazendo não só com que o Poder Judiciário responda prontamente às necessidades urgentes, como também responda o quanto antes nos casos em que as alegações da outra parte se mostram como de juridicidade ostensiva e desarrazoada, permitindo ao julgador, independentemente da demonstração de perigo, conceder de forma antecipada os efeitos do provimento final.

A tutela provisória, como não poderia ser diferente, portanto, é, entre as partes, verdadeira distribuição do ônus do tempo no processo.

Não podemos olvidar que o direito processual civil, ainda que disciplina autônoma, jamais poderá ser encarado como algo que se encerra em si mesmo. Sua função é primordial ao pretender garantir a efetivação dos preceitos constitucionais fundamentais no sentido de entregar ao jurisdicionado resposta segura, em seu tempo devido, de forma adequada, e com a devida eficácia.

Nesse diapasão, o processo civil é desdobramento de nossa norma fundamental como instrumento de resolução de conflitos e manutenção da estabilidade das relações sociais.

Ocorre que essa intervenção estatal, eminente e inevitável, deve trazer aos jurisdicionados a menor quantidade de ranhuras possível. É como se ele próprio, Estado-juiz, ainda que sua intervenção seja cogente e necessária, jamais tivesse estado ali, como se os interessados, sozinhos, conseguissem chegar ao fim do litígio por seus próprios meios e instrumentos.

De toda forma, o autor, ao propor a ação e exercendo seu direito à pretensão da tutela jurisdicional, provoca o Estado para que este lhe proporcione solução devida ao caso concreto, o que se revela, pois, como verdadeiro exercício de pretensão à tutela jurisdicional do direito.

Muitas vezes, no entanto, a solução final pode se mostrar inadequada, não quanto ao seu desfecho, mas quanto ao tempo de seu acontecimento. É neste momento que a tutela provisória, em lugar da tutela definitiva, ganha importância ao pretender preservar relações ou direitos ameaçados de forma urgente.

Somente na década de 1990 fora inserida no CPC/1973 a tutela antecipada. Muito embora não fosse instituição nova, promoveu consideráveis mudanças no direito processual civil, principalmente sob o ponto de vista conceitual.

Nos moldes do CPC/1973, a tutela antecipada era técnica de antecipação dos efeitos da tutela jurisdicional final e, para tanto, deveria contar com o preenchimento dos requisitos do *fumus boni iuris* e do *periculum in mora*, além, claro, de ser técnica em que deveria haver a possibilidade de reversibilidade.

O Novo Código, porque faz da tutela antecipada espécie do gênero tutela provisória, e coloca ao seu lado a tutela cautelar, fez por bem homogeneizar o requisito quanto à probabilidade. Além disso, se no CPC/1973 a tutela antecipada era técnica a ser requerida somente de forma incidental ao processo, no CPC/2015 essa tutela poderá também ser requerida de forma antecedente à exposição da causa de pedir e de todo o contorno quanto à tutela final.

A sistemática do Novo Código de Processo Civil com relação às tutelas provisórias, e se analisada sob a ótica da EC 45/2004, traz a possibilidade de, em procedimento mais apertado, nomeado por nós como microssistema da tutela provisória de urgência antecipada e antecedente, entregar e satisfazer ao requerente com préstimo jurisdicional que, por vezes, se exaure nele próprio, em que a discussão acerca do mérito, em efetivamente merecer ou não o direito, poderia importar em procrastinação de um processo que, em si, se tornou estéril.

O NCPC, portanto, traz a possibilidade de o jurisdicionado poder se valer da técnica de monitorização, já conhecida, no Código revogado, na ação monitória, agora, em procedimento comum, e a garantir qualquer pretensão, desde que preenchidos alguns requisitos.

Como se sabe, a tutela definitiva é aquela ocorrida após intenso debate em contraditório, após cognição exauriente, e desde que garantido o devido processo legal. Assim acontecendo, e em homenagem à segurança jurídica, um dos pilares do Estado Democrático de Direito, esse tipo de tutela é apta ao atingimento da coisa julgada.

A tutela definitiva pode ser satisfativa ou cautelar e a distinção entre elas não reside somente no fato de possuírem objetos distintos. Possuem elas características que não somente as distinguem, mas que sugerem, inclusive, suas funções.

Feitas aquelas considerações, inclusive a respeito da característica da temporariedade da tutela cautelar, em contraponto à provisoriedade, ambas existem como pedido final e, por isso, demandam análise exauriente e tutela definitiva, mas também podem se valer de técnicas a pretender a antecipação de seus efeitos.

Faremos, também, alguns apontamentos com relação aos eventuais avanços e retrocessos entre os dois diplomas legais acerca das tutelas provisórias com o fito de, adiante, melhor circunscrever a temática deste trabalho.

Adiante também faremos alguns delineamentos às espécies de tutela provisória, urgência e evidência, visto que não poderiam pairar quaisquer dúvidas conceituais e práticas quanto às hipóteses de cabimento de cada uma delas, tampouco seus efeitos. O desafio será o de nos dar aporte para a discussão em específico que estará por vir.

Para tanto, haverá a necessidade de se estabelecer traço comparativo entre as tutelas provisórias de urgência, cautelar e antecipada, bem como análise mais detida quanto a sua evolução e serventia atual, tratando de temas como: a homogeneização dos requisitos de concessão, a caução, responsabilização processual civil objetiva, audiência de justificação e a fungibilidade.

Sendo assim, como a tendência do trabalho é partir de hipótese geral e, com seu caminhar, delinear especificamente aquilo que será objeto central, será necessário também debater o momento propício à concessão da tutela provisória de urgência, principalmente a hipótese de tutela provisória de urgência antecipada em caráter antecedente.

Com esse fito serão estudadas as possibilidades de deferimento em caráter liminar, quando da prolação da sentença e, até mesmo, em grau recursal.

Também com o escopo de se estabelecer os efeitos da tutela provisória de urgência antecipada em caráter antecedente no tempo, debruçaremo-nos sobre a duração da eficácia da tutela provisória de urgência antecipada e, para isso, também haverá a necessidade de se estudar os pronunciamentos decisórios do juiz, bem como o dever de fundamentação e suas consequências quanto à nulidade ou inexistência do provimento jurisdicional, quanto à falha ou falta de fundamentação, partindo, inclusive, da análise tripartite de identidade das decisões judiciais em relatório, fundamentação e dispositivo.

Encaminhando-nos ao final, porque não poderia faltar, é regramento geral, iremos debater a competência do juízo referente à análise propriamente da tutela antecipada antecedente, muito embora não se tenha permitido fugir à crítica quanto ao dispositivo legal que prevê o juízo competente para a cautelar antecedente como este para o recebimento do pedido final, o que poderá, em alguns casos, fazer daquele juízo incompetente absolutamente.

Concernente à efetivação das tutelas provisórias de urgência, delinearemos o debate acerca dos métodos indutivos e coercitivos para a efetivação da decisão judicial, inclusive com a possibilidade de cumulação entre *astreintes* e multa, previstos como um dos poderes do juiz.

Além disso, debateremos também a apuração de eventual prejuízo causado pela cessação dos efeitos da tutela provisória de urgência.

No sentido de espancar qualquer debate acerca da impossibilidade do trânsito em julgado da decisão concessiva da tutela provisória de urgência antecipada em caráter antecedente, haverá absoluta necessidade de se discutir a coisa julgada, desde seus argumentos mais comezinhos, como coisa julgada parcial e total, formal e material, como também restaurar a discussão acerca das técnicas de cognição parcial e sumária, assim como os limites objetivos e subjetivos da coisa julgada e sua eficácia preclusiva.

Debateremos também as características que fazem da tutela provisória de urgência antecipada a técnica processual de satisfatividade imediata, tendo por requisitos a probabilidade e o perigo. Assim como também discutiremos, com o intuito de densificar o tema, o momento de requerimento da tutela antecipada antecedente.

Feita a fundação em que irá se sustentar a tese, caberá ao capítulo entitulado como microssistema das tutelas provisórias e a técnica de monitorização da tutela provisória de urgência antecipada antecedente a tarefa de inovação no debate.

Para isso, será feita, portanto, a leitura, ou releitura, do § 5º do art. 303 do NCPC e a sistemática a ser observada pelo autor e pelo réu, de aditamento da petição inicial para aquele e interposição de agravo de instrumento para este, como exigência à manutenção dos efeitos da tutela deferida ao autor e sobrevida do processo a fim de se discutir o mérito para o réu.

Referida sistemática deve ser vista como de bom grado a ambas as partes, autor e réu, no que veremos.

A tutela provisória satisfativa que se exaure com sua efetivação e contra a qual não houve insurgência e tem como desfecho o encerramento do processo com a manutenção dos efeitos da tutela provisória conquistada é sistemática que proporciona não somente a plenitude de satisfação e efetividade, mas também garante às partes o menor dispêndio financeiro possível e, como não dizer, a diminuição dos processos que, em determinado momento, se prestam à discussão de um nada, visto que, propriamente, há o merecimento do direito que é pano de fundo da tutela provisória deferida, não há contratese a ser ofertada pelo réu, mas ambos teriam, se não fosse essa microssistemática, que litigar até o desfecho final e, muitas vezes, inclusive, o bem da vida já haveria exaurido.

Quanto à estabilização, à ação autônoma e à superestabilização da tutela provisória de urgência antecipada de caráter antecedente, segundo o NCPC, a tutela concedida, nos termos do art. 303, torna-se estável se da decisão que a conceder não for interposto o respectivo recurso. Se assim acontecer, continua o diploma legal, esse processo deverá ser extinto sem resolução do mérito e, claro, os efeitos da tutela provisória tornar-se-ão estáveis.

Caso qualquer das partes pretenda discussão acerca dos efeitos então estabilizados – assim intentando o autor a confirmação da tutela provisória e pretendendo o réu o direito de rever, reformar ou invalidar os efeitos da tutela antecipada –, haverá a possibilidade de propositura de ação que, uma vez tendo seu desfecho em resolver o mérito, poderá confirmar ou alterar a tutela provisória deferida.

Não nos pareceu possível, e por expressa disposição legal, a concessão de tutela provisória de urgência ao longo dessa nova ação a pretender a alteração da tutela provisória de urgência estabilizada. É merecida maior segurança jurídica ao beneficiário da tutela provisória em detrimento do prejuízo que eventualmente possa continuar sobre aquele que a tem em seu desfavor e que, se assim fosse o caso, poderia ter agravado por instrumento ao seu tempo.

É necessário frisar que essa nova ação, inclusive limitada no tempo, tem a intenção da discussão quanto aos efeitos, muito embora, em seu bojo, ou como percepção segunda, ela tenha em si a discussão do mérito, como não poderia deixar de ser. Chama-se a atenção ao fato de que o limite temporal não se aplica à discussão quanto à pretensão do debate ao mérito, este somente podendo ser alcançado por eventual prescrição.

Outrossim, caso o interessado tenha deixado transcorrer o prazo de dois anos sem que tenha proposto a ação referendada, dizemos ter havido superestabilidade da tutela provisória, pois vê-se necessidade de se conferir maior segurança jurídica à estabilidade dos efeitos da tutela provisória, mais uma vez, diante da inação daquele que sofre com a produção de seus efeitos.

Sendo assim, eventual nova ação intentada com mais de dois anos do desfecho daquele processo que evidenciara a estabilização da tutela provisória de urgência antecipada e antecedente somente terá a capacidade de rever, reformar ou invalidar a tutela antecipada quando do trânsito em julgado da decisão resolutiva de mérito.

1

A SISTEMÁTICA DO NOVO CÓDIGO DE PROCESSO CIVIL COM RELAÇÃO ÀS TUTELAS PROVISÓRIAS E A EC 45/2004

O Estado, quando obsta a que haja a autotutela, sem dúvida, assume o compromisso com seu jurisdicionado no sentido de tutelar de forma adequada, segura e efetiva os diversos litígios acontecidos em uma sociedade.

Para que a tutela estatal aconteça de forma a garantir não somente a resolução dos conflitos, dando a resposta social esperada e em seu tempo adequado, mas, sobretudo, proporcionar garantias do indivíduo diante de eventuais exageros e arbítrios do Estado ou até mesmo de um particular, vale-se o magistrado do processo como instrumento a viabilizar a manutenção dos preceitos constitucionais.

Em outras palavras, o processo deve, grosso modo, proporcionar o mesmo desfecho ao jurisdicionado caso sua autotutela privada não esteja proibida. Por isso se discute também, antes mesmo da discussão acerca do merecimento quanto ao direito material, o merecimento à tutela do direito material.

Nas palavras de Marinoni:[1]

> o autor, ao propor a ação, exerce a pretensão à tutela jurisdicional do direito. Ninguém pode exigir e obter ressarcimento (por exemplo), contra a vontade do obrigado, a não ser mediante a ação processual. Isso não é exercício de ação de direito material, mas sim exercício de pretensão à tutela jurisdicional do direito material mediante o exercício da ação processual.

Dito isto, deve-se imaginar a ação em conformidade com a tutela jurisdicional do direito. O autor, quando oferece a demanda, afirma

---

1 MARINONI, Luiz Guilherme. *Antecipação da tutela*. 12. ed. São Paulo: RT, 2011. p. 26.

ser detentor do direito e discorre acerca da situação de ameaça ou lesão e, com isso, pleiteia o provimento que considere responder às suas necessidades. Há, portanto, exercício de pretensão à tutela jurisdicional do direito.

A tutela jurisdicional tem como característica ser definitiva ou provisória. Este estudo pretende discutir a tutela provisória e, mais ainda, lidar com uma de suas espécies, qual seja, a tutela provisória de urgência antecipada e no formato antecedente.

Ocorre que, para o estudo da tutela provisória, é importante que, de maneira anterior, faça-se o estudo acerca da tutela definitiva, isso porque toda tutela provisória, ao menos até este momento de estudo, sempre nasceu com a pretensão de se tornar definitiva, mesmo que, adiante, veja-se que o novo regramento processual civil criou regra outra, ainda que de forma muito específica.[2]

A distinção entre a tutela provisória e a tutela definitiva sempre se cingiu, e assim continuará sendo, sob a perspectiva da cognição. Quando exauriente for a cognição do magistrado, se diz ser tutela definitiva, e quando sumária, se diz ser provisória.

Em outras palavras, quando houver profundo debate acerca do objeto que se resolve, terá havido cognição exaustiva, o que torna a tutela apta à definitividade. No entanto, quando o debate for escasso, perfunctório, visto que o momento não o permitia maior aprofundamento, diz ser a tutela provisória, ou seja, dependente de confirmação outra, posterior ao momento próprio de debate.

A tutela definitiva, porque houve cognição exauriente, intensa discussão acerca daquilo colocado a deslinde, e desde que garantido o devido processo legal, o contraditório e a ampla defesa, é predisposta a alcançar a autoridade da coisa julgada.

A tutela jurisdicional pode ainda ser satisfativa ou não satisfativa (cautelar). A tutela satisfativa é aquela que intenta certificar ou efetivar o direito material no sentido de garantir ao jurisdicionado o bem da vida pretendido. É o que Zavascki chama de *tutela padrão*.[3]

A tutela jurisdicional não satisfativa surge sob o signo do asseguramento em face dos efeitos danosos do tempo à efetividade do direito do jurisdicionado. Justamente porque os atos processuais em

---

2 Aqui nos referimos à tutela antecipada preparatória ou antecedente contra a qual não houve a interposição de agravo de instrumento.

3 ZAVASCKI, Teori Albino. *Antecipação de tutela*. 2. ed. São Paulo: Saraiva, 1999. p. 18-20.

busca da tutela satisfativa devem acontecer ao seu tempo, permitindo ao processo alcançar sua necessária maturidade, por vezes, defrontamo-nos com o perigo da demora da prestação jurisdicional em responder à dinâmica social, por isso o cabimento da tutela cautelar.

Ou seja, a tutela cautelar não visa a satisfação de um direito, mas, sim, o necessário acautelamento da sua futura satisfação.

Todas as considerações feitas até este momento serviam ao Código de Processo Civil passado, bem como também se fazem atuais ao Novo Código de Processo Civil.

Depois de mais de quatro anos de tramitação legislativa, o Novo Código de Processo Civil fora sancionado e sua entrada em vigor acontecera em 18 de março de 2016. Vale dizer, este é o primeiro Código de Processo Civil que teve início e fim do trâmite legislativo inteiramente em regime democrático e espírito republicano, o que, por si só, merece aplausos.

Nosso novo regramento processual, muito embora longe da perfeição, o que jamais fora esperado, visto que o trabalho é humano, pretende resolver uma série de divergências doutrinárias e jurisprudenciais, e, principalmente, tenta acabar com essa dissipação de decisões.

O Novo CPC estabelece um novo modelo de processo, com luzes à cooperação e à autonomia da vontade das partes, dando ainda maior obrigatoriedade à observância das normas fundamentais do processo, valorizando a segurança jurídica, a integridade e uniformidade das decisões e a celeridade processual.

Com vistas à celeridade e segurança processuais, coisa que se persegue há algum tempo e que pouco se consegue instrumentalizar no procedimento, o novel *códex* pretendeu inovar sob certo aspecto.

A tutela provisória, tema deste trabalho, fora seccionada em *tutela de urgência* e *tutela da evidência.* Esta última ganhou grande aprofundamento e estabelecimento de novas técnicas para sua consecução. Aquela fora assim dividida: *tutela provisória da urgência antecipada* e *tutela provisória da urgência cautelar.*

Existem, portanto, no Novo CPC, tutelas jurisdicionais fundadas em perigo ou lesão pela demora, a serem satisfativas ao jurisdicionado, e outras também fundadas nesse mesmo requisito, mas que não possuem o condão da satisfatividade, pretendendo exclusivamente o acautelamento.

É costumeiro dizer que a morosidade do processo tem como causa a pouca estrutura dos Tribunais. No entanto, por muito tempo não se percebeu que a morosidade do processo também é fruto de exageros quanto ao direito de defesa e fazendo do processo um ônus a ser suportado somente por quem demanda. A sensação usual é a de que parece mais confortável ao demandado aguardar a decisão desfavorável do que cumprir ao seu tempo a obrigação que recaía sobre seus ombros.

Além disso, como é faticamente perceptível, a procrastinação do processo no tempo acentua eventual desigualdade entre as partes se se imaginar que o demandante postula aquilo pelo qual é dependente economicamente e, mais ainda, que, enquanto ao autor é buscada situação nova, realidade fática e jurídica novas, ao réu somente é perseguida a manutenção de uma realidade já vivida por ele. Esse argumento pode parecer singelo e passa despercebido, mas faz absorver as forças do demandante no processo.

Dessa forma, a busca pelo bem da vida e a alteração empírica de uma circunstância ao demandante, e, do outro lado, o excessivo uso do direito de defesa, seu abuso, pelo demandado, fazem com que o ônus do tempo seja coisa a ser suportada e a trazer malefícios diretos somente ao autor, uma vez que a demora significa a mantença do patrimônio de alguém em detrimento de outrem.

Assim sendo, o direito processual civil, pretendendo ser atento à efetividade da tutela jurisdicional constitucional, deve, com cuidado, distribuir, ou racionalizar, o ônus do tempo do processo, por vezes inibindo o atuar procrastinatório da parte que, de forma abusiva, exerce direito que, a princípio, era regular, o direito de defesa.

> Um sistema que consagra, quase de forma absoluta, a necessidade da confirmação da sentença para a realização dos direitos, deve considerar atentamente a problemática do abuso do direito dessa. A crise da justiça civil está aos olhos de todos; é preciso que os tribunais aceitem a obviedade de que não pode haver efetividade sem riscos. O que importa saber é se vale a pena corrê-los ou se é melhor permanecer paralisado pelo medo, na imparcialidade da ordinariedade, onde imaginam os ingênuos que o juiz não causa prejuízo algum.[4]

E completava Ovídio Baptista da Silva:

> o réu que sofre a execução de uma medida liminar, ou alguma outra forma de execução provisória, depois declaradas ilegítimas, terá direito de pedir indenização dos danos que essas normas

4 MARINONI, Luiz Guilherme. *Antecipação da tutela*, cit., p. 273.

> de realização antecipada, que se imagina ser direito do autor, lhe tiveram causado. O autor, ao contrário, que se veja obrigado a suportar a demora natural do procedimento ordinário, como instrumento de uma determinada "lide integral", não terá qualquer direito de reclamar os prejuízos, as vezes gravíssimos, que este retardamento lhe causar.[5]

Para isso, pois, há a necessidade de se olhar para o processo como algo além de um instrumento garantidor de uma formalidade excessiva com vistas a lhe dar maior efetividade e proporcionar o acautelamento ou a satisfação do direito ao seu tempo devido e seguro.[6]

Para tanto, na década de 1990 fora inserido em nosso sistema processual civil o regime das tutelas antecipadas, pela Lei 8.952/1994.

A tutela antecipada que até então se tinha no CPC/1973 (art. 273) era e continua sendo técnica de antecipação dos efeitos da sentença, baseada em juízo de cognição sumária. No entanto, para que fosse possível seu requerimento, o jurisdicionado precisava contar com a existência de processo judicial anteriormente deflagrado para que pudesse realizar seu pleito e o juiz pudesse deferi-la. Em outras palavras, seu requerimento somente aconteceria de modo incidental ao processo.

No atual Código,[7] o autor da ação poderá, antes mesmo de discorrer pormenorizadamente acerca de seu pleito principal, requerer provimento provisório fundado na urgência e de forma antecedente. Significa dizer que haverá a possibilidade de requerimento de tutela

---

5 SILVA, Ovídio Baptista da. A plenitude de defesa no processo civil, *As garantias do cidadão na justiça*. São Paulo: Saraiva, 1993.

6 Oportunas as palavras de Cassio Scarpinella Bueno: "O princípio da efetividade do processo, por vezes denominado de efetividade da jurisdição, também encontra seu fundamento na locução contida no inciso XXXV do art. 5º da CF de que a lei não excluirá nenhuma lesão ou ameaça a direito da apreciação do Poder Judiciário. Sua noção nuclear repousa em verificar que, uma vez obtido o reconhecimento do direito indicado como ameaçado ou lesionado, seus resultados devem ser *efetivos*, isto é, *concretos, palpáveis, sensíveis no plano* exterior do processo, isto é, 'fora' do processo. O princípio da efetividade do processo, neste sentido – e diferentemente dos demais –, volta-se mais especificamente aos *resultados* da tutela jurisdicional no plano material, exterior ao processo. É inócuo falar em um 'processo justo' ou em um 'processo devido', dando-se a falsa impressão de que aqueles atributos tendem a se esgotar com a tão só observância da correção do meio de produzira decisão jurisdicional apta a veicular a tutela jurisdicional. O 'justo' e o 'devido', com efeito, vão além do *reconhecimento* jurisdicional do direito" (BUENO, Cássio Scarpinella. *Manual de direito processual civil*. 2. ed. São Paulo: Saraiva, 2016. p. 55).

7 Lei 13.105/2015, art. 294.

provisória da urgência, satisfativa, de forma preparatória (ou antecedente). O que, sem dúvida, instrumentaliza aquilo que se imagina como celeridade processual e efetividade do processo.

Além disso, caso não haja a interposição do recurso competente a desafiar essa decisão, diz a legislação de procedimentos, haverá a estabilização da tutela provisória anteriormente deferida, permitindo, agora, somente o ataque por intermédio da propositura de uma nova ação. Mais ainda, referida ação dispõe de prazo para seu oferecimento (2 anos) e, não o fazendo, haveria perda de oportunidade.

Em outras palavras, inova o CPC/2015 não somente permitindo a tutela provisória de urgência satisfativa antecedente, mas também porque possibilita à tutela provisória imutabilidade relativa. Existe, na tutela provisória, o compromisso constitucional de equilíbrio entre segurança jurídica e efetividade da prestação jurisdicional.

Serão discutidos de forma pontual ao longo deste trabalho as possibilidades, os efeitos e os acontecimentos advindos desse novo regramento.

2

A TUTELA DEFINITIVA: SATISFATIVA E CAUTELAR

Como dito anteriormente, a tutela definitiva é aquela obtida após cognição exauriente em que fora possível haver intenso debate acerca do objeto posto a deslinde, desde que garantido o devido processo legal. Assim acontecendo, e em homenagem à segurança jurídica, esse tipo de tutela é apta ao atingimento da coisa julgada.

Vale dizer que a tutela definitiva pode ser satisfativa ou cautelar. A distinção entre elas não reside somente no fato de possuírem objetos distintos, isso seria simplório demais. Possuem elas características que não somente as distinguem, mas que sugerem, inclusive, suas funções.

A tutela cautelar tem como duas de suas características a referibilidade e a temporariedade.

A tutela cautelar tem como intento a efetivação da tutela principal. É a tutela cautelar responsável pela preservação da tutela principal contra as agruras do tempo e da ação humana a atentarem contra a efetividade do direito material pretendido. Como é instrumento acautelador de preservação de outro direito (material) é tutela que se refere à outra e dela absolutamente distinta.

Em outras palavras, a tutela cautelar é tutela sobre o direito material que precisa ser assegurado. Quando há o sequestro de um quadro de um artista famoso, não há que se falar em apreensão e consequente transferência de patrimônio entre esferas jurídicas distintas, mas sim em utilização de um instrumento processual com vistas a preservar a futura e eventual execução da discussão principal de que a tutela cautelar é subjacente, é referendada.

A tutela cautelar é também *temporária*. Significa dizer, pois, que tem sua eficácia limitada no tempo, cessando seus efeitos sempre que houver mudança na situação fático-jurídica que ensejou sua concessão.[1]

1 MITIDIERO, Daniel. *Processo cautelar*. 3. ed. Rio de Janeiro: Forense, 2006. p. 87.

A tutela cautelar, então, cessa sua eficácia quando as circunstâncias que ensejaram seu deferimento não mais existirem ou quando a tutela não satisfativa extinguir-se, pois o jurisdicionado, agora, dispõe da tutela satisfativa definitiva.

Necessária essa distinção, visto que aquilo que é temporário não é provisório, muito embora o Código de Processo Civil tenha se valido dessa qualidade com o fito de definir esse tipo de tutela jurisdicional. O provisório é aquilo que tende a ser substituído em dado momento, enquanto que o temporário, ainda que determinado seu nascimento e sua morte, não será substituído por instrumento algum, tendente, portanto, à definitividade.

Por isso, então, a crítica que se faz ao hodierno Código de Processo Civil em nomear, como subespécie de tutela provisória, a tutela cautelar, que, como se pôde ver, possui caráter temporário e alcança a definitividade, não se confundindo com o que se espera e imagina de uma tutela provisória. Ou seja, seus efeitos têm duração limitada, são temporários, muito embora seja tipo de tutela definitiva.

Ademais, a demanda cautelar, como todo e qualquer requerimento postulado judicialmente, possui causa de pedir e pedido, em que se narra a probabilidade do direito e o perigo da demora e também o direito à cautela. Dessa forma, sua concessão final – tutela definitiva – se dá após cognição exauriente do mérito da tutela cautelar. Por isso dizer, inclusive, que a decisão meritória na tutela cautelar não mais sujeita a recurso é apta a também transitar em julgado, nos mesmos moldes daquilo que rotineiramente acontece com o pedido final.

A confusão comum que se faz, pretendendo dizer que a tutela cautelar não transitaria em julgado, se dá com relação à sumariedade da análise do direito material narrado. A análise do direito material acautelado, sem dúvida, é sumária, haja vista que sobre ele há necessidade de probabilidade, mas a análise acerca da cautelaridade, em outras palavras, aquilo que é objeto no pleito cautelar, é exauriente, portanto, definitivo e, por isso, possível o alcance da coisa julgada.

A probabilidade do direito é, frise-se, elemento do extrato fático do direito à cautela.

Nesses moldes, Calmon de Passos:

> Ouso dizer, e que me perdoem o atrevimento, que as decisões de mérito, em ação cautelar, são insuscetíveis de modificação, se não houve alteração na situação de fato – situação de perigo, que a determinou, ou se modificação não houver na situação do direito no tocante à plausibilidade da tutela favorável ao autor da medida, só

> nova situação de perigo, ou alterações nas condições anteriormente indicadas como fundamento do pedido, ou pedido de medida diversa da anterior, pode legitimar a postulação de nova cautelar. Essa imutabilidade pode não ser batizada com o nome de coisa julgada, mas que é imutabilidade é. Como chamá-la para não colocá-la na família nobre do processo de jurisdição contenciosa? É problema de preferência?

Em suma, a tutela cautelar mostra-se como tutela definitiva, obtida em cognição exauriente, sendo temporários apenas seus efeitos práticos, apta a tornar-se imutável. Dessa forma, nada tem de provisória ou outro sinônimo que o valha.

Nesses termos encerra o art. 309 do NCPC: "se por qualquer motivo cessar a eficácia da tutela cautelar, é vedado à parte renovar o pedido, salvo sob novo fundamento", pretendendo, pois, que a tutela definitiva seja satisfativa ou não satisfativa e, quando exauriente, tendente à coisa julgada.

Já a tutela satisfativa, diferentemente da tutela cautelar, é a tutela jurisdicional principal, orbitando em volta dela outros instrumentos processuais de preservação, de sua garantia. A tutela satisfativa é aquela, portanto, que entregará – ou não – o bem da vida ao jurisdicionado, é a tutela padrão, é aquela que irá, no primeiro momento, certificar o direito, para então efetivá-lo.

3

AS TUTELAS PROVISÓRIAS

3.1. PRINCIPAIS INOVAÇÕES NO REGRAMENTO DA TUTELA PROVISÓRIA E ALGUNS ESCLARECIMENTOS

Para adentrar ao tema mote deste estudo, há necessidade de traçar linhas comparativas entre o Código de Processo Civil revogado e o Código em vigor, concernente entre os signos da tutela provisória e suas disposições legais, a fim de não somente esclarecer algumas dúvidas conceituais, mas, sobretudo, talvez desnudar o absoluto ineditismo propagado em torno do Livro V do NCPC e as principais inovações acerca deste instituto.

Para isso, comparar-se-ão, sempre que possível, alguns dos dispositivos legais do Novo CPC com aquilo que pretendia o vetusto CPC, nesta ordem, acerca da tutela provisória, para fim de avaliarmos se houve inovação ou possível retrocesso. Pontualmente serão comparados os artigos 294, 296, 297, 298, 299, 300, 301, 302, 305, 306, 307, 308, 309, 311 do NCPC.

Quadro 1

Novo CPC	CPC/1973
Art. 294. A tutela provisória pode fundamentar-se em urgência ou evidência. Parágrafo único. A tutela de urgência, cautelar ou antecipada, pode ser concedida em caráter antecedente ou incidental.	Não há correspondência.

A nomenclatura adotada no Novo CPC – tutela provisória – é inédita, mas possivelmente isso seja o que menos chame a atenção neste momento. Como pode ser facilmente depreendido, a inovação está em ter havido a extinção do processo cautelar.

O Código de Processo Civil revogado previa a tutela cautelar como instrumento a ter seus desdobramentos em processo autônomo, independente e fortemente singularizado. Com o advento do novo regramento, a tutela cautelar é pedido a ser deduzido no mesmo procedimento em que se desenvolve a discussão acerca do bem da vida que ela, tutela cautelar, pretende o asseguramento.

É essa a grande mudança com relação à cautelar, uma vez que, no mais, naquilo que se faz conceito generalizado, sua referibilidade, não satisfatividade, asseguramento e autonomia, se mantêm.

A nosso sentir, houve avanço no sentido de se acabar com mais um processo a tramitar em apenso, exigindo maior rigor formalístico, dispêndio de tempo e financeiro das partes, e, mais ainda, se pensarmos sob o signo da primazia da tutela de mérito, o que faz contraponto com o excessivo formalismo.

O que as partes no processo assim pretendem com a tutela provisória é se valer de técnica processual a lhes entregar, mesmo que momentaneamente, porque pendente ainda de confirmação e sujeita à revogação a qualquer tempo, tutela jurisdicional de índole satisfativa, não satisfativa ou de evidência do direito, aquelas com previsão nos arts. 294 e seguintes e 311 do NCPC.

Dessa forma, portanto, tem-se que a tutela provisória possui duas espécies no Novo Código de Processo Civil, a tutela provisória da urgência e a tutela provisória da evidência. Vale dizer que a decisão que concede ou não a tutela provisória é revestida da interlocutoriedade e que, por isso, agravável por instrumento.[1]

A tutela provisória da urgência, ainda, subdivide-se em duas espécies, a cautelar e a antecipada, ou não satisfativa e satisfativa, podendo, também, de igual forma, acontecer de forma antecedente ou incidental.[2]

---

1 Art. 1.015, I, do CPC. Ou também poderíamos nos valer da seguinte classificação: tutelas satisfativas ou não satisfativas. São satisfativas a tutela antecipada e a tutela da evidência, e não satisfativa a tutela cautelar.

2 Alguns lembretes são necessários: Verbete 729 da Súmula do STF: "A decisão na ADC-4 não se aplica a antecipação dos efeitos da tutela em causa de natureza previdenciária." – este verbete, ao que nos parece, em vez de cuidar de "antecipação dos efeitos da tutela", deve ser interpretado de modo a fazer referência à nova espécie de tutela provisória, qual seja, a tutela provisória de urgência antecipada; Verbete 234 da Súmula do TFR: "É inadmissível medida cautelar para impedir os efeitos da coisa julgada." – da mesma forma, este verbete merece leitura não mais como "medida cautelar", mas como tutela provisória de urgência cautelar; Enunciado 28 do Fórum Permanente dos Processualistas Civis: "(arts. 294 e ss.) Tutela antecipada é uma técnica de julgamento que serve para adiantar os efeitos de qualquer tipo de provimento, de natureza cautelar ou satisfativa, de conhecimento ou executiva".

Quadro 2

Novo CPC	CPC/1973
Art. 296. A tutela provisória conserva sua eficácia na pendência do processo, mas pode, a qualquer tempo, ser revogada ou modificada. Parágrafo único. Salvo decisão judicial em contrário, a tutela provisória conservará sua eficácia durante o período de suspensão do processo.	**Art. 273.** (...) § 4º A tutela antecipada poderá ser revogada ou modificada a qualquer tempo, em decisão fundamentada. § 5º Concedida ou não a antecipação da tutela, prosseguirá o processo até final julgamento. Art. 807. As medidas cautelares conservam a sua eficácia no prazo do artigo antecedente e na pendência do processo principal; mas podem, a qualquer tempo, ser revogadas ou modificadas. Parágrafo único. Salvo decisão judicial em contrário, a medida cautelar conservará a eficácia durante o período de suspensão do processo.

A tutela cautelar e a tutela antecipada diferenciam-se não somente com relação àquilo que intentam, uma vez que aquela é *não satisfativa* do direito, enquanto esta é *satisfativa*, mas também porque a tutela cautelar guarda duas características que lhe são próprias: a temporariedade e a referibilidade.

A tutela cautelar é um tipo de tutela que assegura e se refere a outro direito, e é este que busca acautelar, diferente do direito à própria cautela, ao próprio asseguramento.

Diz-se que a tutela cautelar é *temporária*, uma vez que sua eficácia encontra limites no tempo. A tutela cautelar tem sobrevida enquanto houver necessidade de preservação de um direito ou da eficácia de um procedimento.

Sempre que a necessidade de preservação não mais houver ou quando houver a obtenção da tutela satisfativa em caráter definitivo, deverá haver também a cessação da eficácia da tutela cautelar.

Nestes moldes, inclusive, é o Enunciado 140 do Fórum Permanente de Processualistas Civis: "(art. 296) A decisão que julga improcedente o pedido final gera a perda de eficácia da tutela antecipada".

Por conta disso, é necessário fazer um singelo apontamento entre as expressões *provisório* e *temporário.*

Aquilo que é provisório tende a ser substituído por coisa outra ao longo do tempo, chamado de definitivo. Aquilo que é temporário, ao contrário, não se exaure quando outro assume sua posição, visto que a perda de sua eficácia se dará com o tempo, uma vez que não há coisa outra a ocupar seu lugar. Nos ocuparemos deste debate mais adiante neste trabalho.

Por isso, muito embora a tutela cautelar tenha sido nomeada como tutela provisória, nos parecia mais acertada a nomenclatura "temporária", visto que definitiva, o oposto de provisório e com maior tecnicidade.

Quadro 3

Novo CPC	CPC/1973
Art. 297. O Juiz poderá determinar as medidas que considerar adequadas para a efetivação da tutela provisória. Parágrafo único. A efetivação da tutela provisória observará as normas referentes ao cumprimento provisório da sentença, no que couber.	**Art. 273.** (...) § 3º A efetivação da tutela antecipada observará, no que couber e conforme sua natureza, as normas previstas nos arts. 588, 461, §§ 4º e 5º, e 461-A.

Uma vez deferida a tutela provisória, deve o magistrado valer-se de todas as medidas coercitivas ou indutivas que se mostrarem adequadas a fim de assegurar a efetivação do que foi determinado em decisão interlocutória. Além disso, a preocupação é tamanha com a efetividade da decisão judicial que, inclusive, independe de requerimento da parte para que o magistrado majore, minore ou determine obrigação outra a constranger o obrigado ao cumprimento da obrigação.

Se, mesmo assim, não houver o cumprimento da decisão, também independentemente de requerimento da parte a quem aproveita, poderá o magistrado determinar a cumulação de multa e *astreintes*, por exemplo, pelo que dispõe o art. 139, IV, do NCPC,[3] de forma a incentivar o obrigado ao cumprimento da decisão a ele imposta e, com isso, garantir o preceito constitucional da efetividade das decisões.

3 "Art. 139. O juiz dirigirá o processo conforme as disposições deste Código, incumbindo-lhe: (...) IV – determinar todas as medidas indutivas, coercitivas, mandamentais ou sub-rogatórias necessárias para assegurar o cumprimento de ordem judicial, inclusive nas ações que tenham por objeto prestação pecuniária".

Neste diapasão pretende o NCPC dar ainda mais efetividade às decisões judiciais concessivas de tutela provisória.

Para o cumprimento e efetividade dessa decisão serão observadas as normas referentes ao cumprimento provisório da sentença. Muito embora o Código atual não inove quanto à utilização das *astreintes*, no sentido de o magistrado poder, por exemplo, tomá-las de ofício, é novidade que, compulsando este momento, com o disposto no art. 537 do NCPC, dará ao requerente maior efetividade em seu direito, e também maior respeitabilidade às decisões judiciais.

O mencionado artigo assim remanesce redigido:

> **Art. 537.** A multa independe de requerimento da parte e poderá ser aplicada na fase de conhecimento, em tutela provisória ou na sentença, ou na fase de execução, desde que seja suficiente e compatível com a obrigação e que se determine prazo razoável para cumprimento do preceito.
> § 1º O juiz poderá, de ofício ou a requerimento, modificar o valor ou a periodicidade da multa vincenda ou excluí-la, caso verifique que:
> I - se tornou insuficiente ou excessiva;
> II - o obrigado demonstrou cumprimento parcial superveniente da obrigação ou justa causa para o descumprimento.
> § 2º O valor da multa será devido ao exequente.
> § 3º A decisão que fixa a multa é passível de cumprimento provisório, devendo ser depositada em juízo, permitido o levantamento do valor após o trânsito em julgado da sentença favorável à parte ou na pendência do agravo fundado nos incisos II ou III do art. 1.042.
> § 3º A decisão que fixa a multa é passível de cumprimento provisório, devendo ser depositada em juízo, permitido o levantamento do valor após o trânsito em julgado da sentença favorável à parte. (Redação dada pela Lei 13.256, de 2016) (Vigência)
> § 4º A multa será devida desde o dia em que se configurar o descumprimento da decisão e incidirá enquanto não for cumprida a decisão que a tiver cominado.
> § 5º O disposto neste artigo aplica-se, no que couber, ao cumprimento de sentença que reconheça deveres de fazer e de não fazer de natureza não obrigacional.

Como dito, muito embora não haja inovação quanto à possibilidade de o magistrado, a requerimento ou de ofício, modificar o valor ou a periodicidade da multa, há absoluta novidade quanto ao disposto no § 1º do art. 537.

Segundo esse dispositivo, só há cabimento na diminuição ou exclusão das multas vincendas, e não mais nas vencidas e vincendas, o que faz grande diferença quanto à efetividade das decisões na práxis forense, visto que o obrigado terá preocupação em cumprir ou se insurgir o quanto antes, evitando, com isso, que não haja maior retardamento do feito.

Além disso, o § 3º desse artigo também acaba com discussão há muito havida acerca de haver possibilidade ou não da execução provisória da multa. Menciona o artigo que a decisão que fixa a multa será passível de cumprimento provisório, devendo ser depositada em juízo, e seu levantamento será permitido após o trânsito em julgado da decisão favorável à parte.[4]

Havia intenso debate doutrinário no que pertine a essa condição. Sempre foi perguntado o caráter dessa multa. Se esta, compelindo o devedor ao cumprimento, serviria à proteção do direito do autor ou à manutenção da respeitabilidade das decisões judiciais no sentido de promover estabilidade das relações sociais.

O referido § 3º dissolve o problema ao passo que diz que a multa será devidamente entregue à parte que teve o julgamento favorável. Se assim remanesce escrito, e é necessário se imaginar a leitura a contrário senso, o legislador acabou com a celeuma até então havida e estipulou que a multa serve à garantia e preservação do direito do autor, e não mais como garantia de higidez das decisões judiciais.

Além disso, inova o dispositivo também no sentido de determinar a possibilidade de execução provisória da multa. Como é sabido, na execução provisória de uma maneira geral de decisões definitivas há a exigência de caucionamento do juízo, e a questão é bastante lógica e singela.

Se se trata de cumprimento provisório, certo é que há pendência de julgamento de recurso – muito embora este tenha sido recebido apenas no singular efeito –, sendo assim, e pelo simples fato de haver possibilidade de revés no julgamento, pretendeu o legislador minorar eventuais prejuízos que possam ser sentidos pelo executado de forma injusta.[5]

Como na execução provisória da multa somente haverá transferência de propriedade após o trânsito em julgado da decisão favorável à parte, pelo que dispõe o próprio § 3º, não há que se falar em

---

4 Súmula 410 do STJ: "A prévia intimação pessoal do devedor constitui condição necessária para a cobrança de multa pelo descumprimento de obrigação de fazer ou não fazer".

5 Isto, claro, não exclui a responsabilidade do exequente provisório em compensar, depois de apurada em liquidação, todo o prejuízo sofrido, da ordem de danos emergentes e lucros cessantes na esfera da responsabilização processual civil objetiva.

necessidade de caução, uma vez que, até lá, o depósito fora realizado em nome do juízo, e não em nome do beneficiário da imposição judicial, e somente será por este levantado ao final.

Por fim, o § 4º estabelece que é devido o pagamento da multa desde o dia em que se configura o descumprimento da decisão e perdurará até seu integral cumprimento.

Quadro 4

Novo CPC	CPC/1973
Art. 298. Na decisão que conceder, negar, modificar ou revogar a tutela provisória, o juiz motivará o seu convencimento de modo claro e preciso.	**Art. 273.** (...) § 1º Na decisão que antecipar a tutela, o juiz indicará, de modo claro e preciso, as razões de seu convencimento.

Ainda que não haja novidade redacional, tampouco doutrinária, visto que o dispositivo em referência no Código revogado é expressão do preceito constitucional com previsão no art. 93, IX, da CRFB, a fundamentação das decisões, sejam elas interlocutórias, sentenças ou acórdãos, de acordo com o novo parâmetro estabelecido, é, possivelmente, um dos pontos nevrálgicos do Novo Código.

Desta feita, portanto, esse artigo merece ser lido em consonância e sob o balizamento legal determinado pelo art. 489, § 1º, do CPC, sob pena de essa decisão não ser considerada fundamentada e, por isso, nula.[6]

Sendo assim, a inovação não estaria propriamente na redação do avaliado artigo, mas no seu alcance em ser observada a modelagem proposta pelo art. 489, § 1º, do CPC/2015.

6 Alguns lembretes são necessários: Verbete 735 da Súmula do STF: "Não cabe REXTR contra acórdão que defere medida liminar"; Enunciado 29 do Fórum Permanente de Processualistas Civis: "(art. 298, art. 1.015, I) A decisão que condicionar a apreciação da tutela antecipada incidental ao recolhimento de custas ou a outra exigência não prevista em lei equivale a negá-la, sendo impugnável por agravo de instrumento"; Enunciado 30 do Fórum Permanente de Processualistas Civis: "(art. 298) O juiz deve justificar a postergação da análise liminar da tutela antecipada de urgência sempre que estabelecer a necessidade de contraditório prévio"; Enunciado 141 do Fórum Permanente de Processualistas Civis: "(art. 298) O disposto no art. 298, CPC, aplica-se igualmente à decisão monocrática ou colegiada do Tribunal"; Enunciado 142 do FPPC: "(art. 298; art. 1.021) Da decisão monocrática do relator que concede ou nega o efeito suspensivo ao agravo de instrumento ou que concede, nega, modifica ou revoga, no todo ou em parte, a tutela jurisdicional nos casos de competência originária ou recursal, cabe o recurso de agravo interno nos termos do art. 1.021 do CPC".

Quadro 5

Novo CPC	CPC/1973
Art. 299. A tutela provisória será requerida ao juízo da causa e, quando antecedente, ao juízo competente para conhecer do pedido principal. Parágrafo único. Ressalvada disposição especial, na ação de competência originária de tribunal e nos recursos a tutela provisória será requerida ao órgão jurisdicional competente para apreciar o mérito.	**Art. 800.** As medidas cautelares serão requeridas ao juiz da causa; e, quando preparatórias, ao juiz competente para conhecer da ação principal.

No Novo CPC, tanto a tutela antecipada quanto a tutela cautelar são espécies do mesmo gênero: tutela provisória de urgência. Além disso, como mencionado, o novel legislador determinou que o momento de requerimento de ambas guarde a mesma hipótese, ou seja, poderão acontecer de forma incidental ou antecedente.

No vetusto CPC somente a cautelar poderia ser requerida de forma antecedente, e o juízo competente para seu recebimento e processamento seria o juízo competente para o conhecimento do pedido principal.

Significa dizer que a tutela provisória de urgência antecipada, inovando o legislador, pode também ser requerida de forma antecedente, ou seja, antes mesmo de oferecido aquilo que servirá à discussão do mérito, seguindo a mesma sorte de tratamento que se dava com a tutela cautelar, no sentido de que deverá ser endereçada ao juízo que se imagine competente para a apreciação do pedido principal.

O mesmo regramento guarda repetição quando a tutela provisória for requerida nos Tribunais, seja nas ações de competência originária, seja nos recursos, desde que não haja exceção normativa expressa.[7]

7 Alguns lembretes são necessários: Verbete 729 da Súmula do STF: "A decisão na ADC-4 não se aplica à antecipação dos efeitos da tutela em causa de natureza previdenciária"; "Processual civil. Agravo regimental no agravo de instrumento. Tutela antecipada contra a Fazenda Pública. Possibilidade. Pressupostos. Reexame do conjunto fático-probatório. Súmula 7/STJ. Agravo regimental não provido. 1. 'É possível a concessão de antecipação dos efeitos da tutela em face da Fazenda Pública, como instrumento de efetividade e celeridade da prestação jurisdicional, sendo certo que a regra proibitiva, encartada no art. 1º, da Lei n. 9.494/97, reclama exegese estrita, por isso que, onde não há limitação não é lícito ao magistrado entrevê-la' (REsp 1.070.897/SP, Rel. Min. Luiz Fux, Primeira Turma, *DJe* de 2/2/10). 2. A jurisprudência do Superior Tribunal de Justiça é assente no sentido

Aqui cabe uma crítica que, na prática, pode ser que esse dispositivo traga sérios problemas.

Feito o balizamento entre tutelas satisfativas e tutelas não satisfativas, têm-se como possibilidades de tutela satisfativa a *tutela antecipada* e a *tutela da evidência*, e, enquanto tutela não satisfativa, tem-se a tutela cautelar.

Com relação às tutelas satisfativas, no caso da antecipada propriamente, porque poderá ser antecedente, não há quaisquer problemas, visto que o juízo de recebimento da tutela antecipada antecedente será o mesmo a receber o pedido final.

No entanto, com relação à tutela não satisfativa, a cautelar, nem sempre o juízo a recebê-la de modo antecedente é competente para receber também o pedido final. Essa hipótese o legislador não previu e, na rotina forense, poderá haver problema quanto às decisões cautelares antecedentes proferidas por juízo absolutamente incompetente para estas, pois não coincidiria com o juízo competente para o recebimento do pedido final.

Quadro 6

Novo CPC	CPC/1973
Art. 300. A tutela de urgência será concedida quando houver elementos que evidenciem a probabilidade do direito e o perigo de dano ou o risco ao resultado útil do processo. § 1º Para a concessão da tutela de urgência, o juiz pode, conforme o caso, exigir caução real ou fidejussória idônea para ressarcir os danos que a outra parte possa vir a sofrer, podendo a caução ser dispensada se a parte economicamente hipossuficiente não puder oferecê-la. § 2º A tutela de urgência pode ser concedida liminarmente ou após justificação prévia. § 3º A tutela de urgência de natureza antecipada não será concedida quando houver perigo de irreversibilidade dos efeitos da decisão.	**Art. 273.** O juiz poderá, a requerimento da parte, antecipar, total ou parcialmente, os efeitos da tutela pretendida no pedido inicial desde que, existindo prova inequívoca, se convença da verossimilhança da alegação e: I – haja fundado receio de dano irreparável ou de difícil reparação; (...) § 2º Não se concederá a antecipação da tutela quando houver perigo de irreversibilidade do provimento antecipado.

da impossibilidade de revisão dos pressupostos para a concessão do pedido de tutela antecipada, pois exigiria o reexame do conjunto fático-probatório dos autos, inviável na via eleita, a teor do enunciado sumular 7/STJ. 3. Agravo regimental não provido" (STJ, Agravo de Instrumento 201001497273, Rel. Min. Arnaldo Lima, *DJ* 18.02.2011).

A primeira espécie de tutela provisória a ser delineada no Novo CPC é a tutela de urgência, donde exsurge como espécies a tutela satisfativa (urgência) e a tutela não satisfativa (cautelar).

Diferentemente do CPC de 1973, em que os requisitos de *fumus boni iuris* se davam de forma cumulada em torno dos requisitos da "verossimilhança das alegações" e da "prova inequívoca do direito", somados, ainda, ao "fundado receio de dano irreparável ou de difícil reparação", o NCPC enumera os seguintes requisitos: probabilidade do direito; perigo de dano ou risco ao resultado útil do processo; que os efeitos da decisão sejam reversíveis; podendo, ainda, o magistrado determinar caução real ou fidejussória; podendo esta tutela ser deferida liminarmente ou após justificação prévia.

As tutelas provisórias de urgência, portanto, atualmente, somente pressupõem a demonstração de "probabilidade do direito" e do "perigo de dano ou o risco ao resultado útil do processo". Houve, é bem verdade, verdadeira homogeneização do requisito da *probabilidade* das tutelas de urgência. Ou seja, aos que faziam diferença entre *fumus boni iuris* para a tutela antecipada e *probabilidade* para a cautelar, esses conceitos foram ultrapassados com a pasteurização de seus requisitos, justo, porque agora são espécies do mesmo gênero de tutela provisória.

Dessa forma, importante ficar consignado que a tutela jurisdicional provisória satisfativa (tutela antecipada) tem o condão de antecipar os efeitos da tutela jurisdicional definitiva satisfativa, ao passo que garante a necessária e imediata eficácia ao direito afirmado. O que se adianta, pois, é a satisfação do direito com a entrega do bem da vida perseguido em juízo.

Já a tutela jurisdicional provisória não satisfativa (tutela cautelar) antecipa os efeitos da tutela jurisdicional definitiva não satisfativa, objetivando a necessária e imediata eficácia ao asseguramento. Sendo assim, tem cabimento, pois protege o direito para que este possa servir a futura e eventual satisfação por seu titular.[8]

---

8 Alguns lembretes são necessários: Enunciado 71 do Fórum Permanente de Processualistas Civis: "(art. 300, § 1º; art. 654) Poderá ser dispensada a garantia mencionada no parágrafo único do art. 654, para efeito de julgamento da partilha, se a parte hipossuficiente não puder oferecê-la, aplicando-se por analogia o disposto no art. 300, § 1º"; Enunciado 143 do Fórum Permanente de Processualistas Civis: "(art. 300, *caput*) A redação do art. 300, *caput*, superou a distinção entre os requisitos da concessão para a tutela cautelar e para a tutela satisfativa de urgência, erigindo a probabilidade e o perigo na demora a requisitos comuns para a prestação de ambas as tutelas de forma antecipada"; "Perigo na demora fabricado. Ingresso em juízo ape-

Quadro 7

Novo CPC	CPC/1973
Art. 301. A tutela de urgência de natureza cautelar pode ser efetivada mediante arresto, sequestro, arrolamento de bens, registro de protesto contra alienação de bem e qualquer outra medida idônea para asseguração do direito.	**Art. 798.** Além dos procedimentos cautelares específicos, que este Código regula no Capítulo II deste Livro, poderá o juiz determinar as medidas provisórias que julgar adequadas, quando houver fundado receio de que uma parte, antes do julgamento da lide, cause ao direito da outra lesão grave e de difícil reparação.

O Novo CPC, porque faz das tutelas, antecipada e cautelar, espécie do mesmo gênero e trata de forma indistinta seus requisitos, visto que, agora, estão sob o juízo da probabilidade, não há mais necessidade em disciplinar, uma a uma, as tutelas cautelares típicas, bastando a enumeração, de forma exemplificativa, de alguma delas, continuando a dar azo aquilo conhecido como o *Poder Geral de Cautela*, pelo que se entende ter havido sua manutenção na parte final do art. 301 do NCPC.

Nesta esteira também é o Enunciado 31 do Fórum Permanente dos Processualistas Civis: "(art. 301) O poder geral de cautela está mantido no CPC".

No vetusto CPC havia necessidade de disposição expressa e devidamente delineada de cada uma das cautelares típicas, pois era preciso estabelecer, uma a uma, as *provas inequívocas* a sustentarem cada uma das tutelas cautelares quando requeridas em antecipação

nas em momento crítico, ao invés de fazê-lo assim que o suposto dano efetivamente ocorreu. Situação de perigo provocada pela agravante, para subverter os fatos em seu favor. A ampla publicidade do certame não corrobora o argumento da recorrente de que não teve ciência do procedimento" (TJPE, Agravo Regimental oriundo do processo originário 0013088-14.2010.8.17.0000, 220149-2, Rel. Des. José Fernandes de Lemos, *DJ* 02.02.2011); "Quanto à alegação de impossibilidade de antecipação de tutela em demanda declaratória, os autores, ora agravados, na verdade, ajuizaram ação declaratória de revogação e anulatória de ato administrativo, elencando vários pedidos, não se tratando de pretensão de cunho meramente declaratório, e, ainda, o pedido de tutela antecipada visava ao sobrestamento do processo administrativo de demarcação de terras, pretensão essa, guardadas as peculiaridades que o caso apresenta, possível de ser apreciada em sede de tutela antecipada, mediante o exame da presunção ou não dos requisitos que autorizam a sua concessão, e, dentro desse contexto, independe a natureza da pretensão, se declaratória, condenatória ou constitutiva" (TRF3, Agravo de Instrumento 200603001058496, Rel. Juiz convocado Valdeci dos Santos, *DJ* 02.04.2009).

dos efeitos da tutela jurisdicional. Como agora esses conceitos foram homogeneizados, não há serventia na tipificação expressa das cautelares.

Quadro 8

Novo CPC	CPC/1973
Art. 302. Independentemente da reparação por dano processual, a parte responde pelo prejuízo que a efetivação da tutela de urgência causar à parte adversa, se: I - a sentença lhe for desfavorável; II - obtida liminarmente a tutela em caráter antecedente, não fornecer os meios necessários para a citação do requerido no prazo de 5 (cinco) dias; III - ocorrer a cessação da eficácia da medida em qualquer hipótese legal; IV - o juiz acolher a alegação de decadência ou prescrição da pretensão do autor. Parágrafo único. A indenização será liquidada nos autos em que a medida tiver sido concedida, sempre que possível.	**Art. 811.** Sem prejuízo do disposto no art. 16, o requerente do procedimento cautelar responde ao requerido pelo prejuízo que lhe causar a execução da medida: I - se a sentença no processo principal lhe for desfavorável; II - se, obtida liminarmente a medida no caso do art. 804 deste Código, não promover a citação do requerido dentro em 5 (cinco) dias; III - se ocorrer a cessação da eficácia da medida, em qualquer dos casos previstos no art. 808, deste Código; IV - se o juiz acolher, no procedimento cautelar, a alegação de decadência ou de prescrição do direito do autor (art. 810). Parágrafo único. A indenização será liquidada nos autos do procedimento cautelar.

No CPC revogado havia previsão legal expressa quanto às cautelares temerárias no sentido de que, se assim se demonstrassem, deveria a parte, que, a princípio, delas pretendia se aproveitar, indenizar a outra parte que sofrera com o prejuízo com a sua concessão.

Visto que o Novo CPC trata da tutela antecipada e da tutela cautelar como espécies de mesmo gênero, convencionou ao legislador também adotar similar sistemática de indenizações da cautelar à tutela antecipada. Dessa forma, portanto, aquele que requer a tutela de urgência está sujeito a, caso se enquadre em alguma das hipóteses do art. 302, indenizar a outra parte em monta correspondente ao prejuízo sofrido. Trata-se de responsabilidade processual civil objetiva.

Vale dizer que essa indenização independe do julgamento final de mérito, podendo o responsabilizado pelo prejuízo ser devedor do prejudicado ainda que aquele seja vencedor na demanda e este seja o derrotado ao final.

Referida indenização será liquidada nos autos em que a medida tiver sido concedida, sempre que possível.[9]

O artigo seguinte, 303, do CPC/2015 trata daquilo que cuidaremos adiante e por nós nomeado como *microssistema da tutela de urgência antecipada antecedente*, possibilitando que o autor seja satisfeito, muito embora não tenha sido formulada, ainda, sua pretensão final, quando muito, somente o indicativo sobre a matéria que pretende.

Sempre que a urgência for contemporânea à propositura da ação, o autor poderá requerer, de forma concisa e objetiva, a antecipação dos efeitos da tutela jurisdicional, bastando, para tanto, fazer a indicação do pedido de tutela final, com a exposição da lide, do direito que se busca realizar e do perigo de dano ou do risco ao resultado útil do processo.

Nos casos em que houver deferimento, o demandante deverá aditar a petição inicial, em 15 dias ou em prazo maior que o juiz fixará, nos mesmos autos e sem incidência de novas custas, sob pena de revogação da tutela provisória deferida e o processo extinto, e o demandado, citado para compor o processo e intimado da decisão interlocutória acontecida, deverá recorrer por intermédio do agravo – de instrumento, nos casos em que a decisão for interlocutória, e interno, quando se tratar de decisão monocrática – para que o processo não seja extinto e, assim, a tutela provisória se torne estável.

Caso seja indeferido o pleito, deverá o autor emendar a petição inicial, em cinco dias, e o processo terá seu prosseguimento nos moldes que regularmente já se conhecia. Caso não emende, a petição será indeferida e o processo será extinto sem resolução do mérito. Vale dizer que, se o autor discordar da sentença que extinguiu o processo sem resolução do mérito em virtude do indeferimento da petição inicial, poderá interpor recurso de apelação, nos moldes do art. 331 do NCPC, facultando ao juiz, no prazo de 5 dias, retratar-se.

Havendo retratação, poderá o magistrado, se agora estiver convencido, deferir a tutela antecipada ou, desde que fundamente ade-

---

9 Achamos por bem não traçar o quadro comparativo pontualmente acerca dos arts. 303 e 304, embora este artigo seja o que sofrerá maior análise neste estudo, porque, neste capítulo, estamos cuidando de avanços e retrocessos de modo comparativo e o tipo de regramento dos arts. 303 e 304 do CPC/2015 não guarda correspondência no CPC de 1973, por isso não o dissecaremos neste momento.

quadamente, indeferi-la e determinar a citação do réu para que este responda ao processo. Se não houver retratação, o juiz mandará citar o réu para responder ao recurso.

As considerações acerca da *microssistematização da tutela provisória de urgência antecipada* serão delineadas mais adiante.[10]

Com relação ao art. 304, determina o NCPC que, caso o réu, intimado da decisão interlocutória, não interponha agravo de instrumento, insurgindo-se à tutela provisória de urgência antecipada antecedente outrora deferida, esta se tornará estável e o processo deverá ser extinto sem resolução do mérito, perpetuando-se os efeitos da tutela.

Ainda que possa parecer novidade para alguns, trata-se daquilo que já se conhecia no CPC anterior como *técnica de monitorização.*

Essa decisão estável conserva seus efeitos enquanto não revista, reformada ou invalidada por decisão de mérito.

Muito embora o processo tenha sido extinto, permite o *novel* legislador que as partes interessadas proponham, em até dois anos a contar da ciência da extinção do processo sem resolução do mérito, nova ação com o intuito de rever, reformar ou invalidar a tutela antecipada.

Outras considerações acerca do respeito ao princípio do direito constitucional à ação e do interesse do autor em uma tutela de mérito, bem como os efeitos dessa nova ação e a impossibilidade do trânsito em julgado da decisão interlocutória que defere a tutela provisória de urgência antecipada antecedente, assim como a obrigação ou não do réu de interpor agravo serão tratadas adiante.[11]

10 Alguns lembretes são necessários: Enunciado do Fórum Permanente de Processualistas Civis: "(art. 303, § 1º, II; art. 335) Ocorrendo a hipótese do art. 303, § 1º, II, será designada audiência de conciliação ou mediação e o prazo para a defesa começará a correr na forma do art. 335, I ou II".

11 Alguns lembretes são necessários: Enunciado 32 do Fórum Permanente de Processualistas Civis: "(art. 304) Além da hipótese prevista no art. 304, é possível a estabilização expressamente negociada da tutela antecipada de urgência satisfativa antecedente"; Enunciado 33 do Fórum Permanente de Processualistas Civis: "(art. 304, §§) Não cabe ação rescisória nos casos de estabilização da tutela antecipada de urgência".

Quadro 9

Novo CPC	CPC/1973
Art. 305. A petição inicial da ação que visa à prestação de tutela cautelar em caráter antecedente indicará a lide e seu fundamento, a exposição sumária do direito que se objetiva assegurar e o perigo de dano ou o risco ao resultado útil do processo. Parágrafo único. Caso entenda que o pedido a que se refere o *caput* tem natureza antecipada, o juiz observará o disposto no art. 303.	**Art. 796.** O procedimento cautelar pode ser instaurado antes ou no curso do processo principal e deste é sempre dependente.

Trata-se, neste momento, de novo capítulo a cuidar da tutela provisória de urgência cautelar antecedente. Em outras palavras, aqui será o próprio requerimento de asseguramento do processo, tutela não satisfativa, a instaurar o procedimento judicial.

Assim como acontece com a tutela provisória de urgência antecipada antecedente, esta espécie de tutela de urgência deve ser apresentada em petição inicial concisa e objetiva, com exposição sumária do direito, a cuidar exclusivamente do perigo de dano ou risco ao resultado útil do processo.

Trata-se, portanto, de técnica de antecipação dos efeitos da tutela definitiva cautelar.

Como os requisitos, de maneira geral, entre as tutelas de urgência, são comuns, o parágrafo único do citado artigo trata da possibilidade de fungibilidade entre a tutela antecipada e a tutela cautelar a ser tomada pelo juiz caso haja equívoco por parte dos demandantes. Vale dizer que a fungibilidade agora mencionada é ampliativa se comparada com o vetusto Código, pois somente seria possível a fungibilidade se preenchidos os requisitos da tutela antecipada, por isso que muito se dizia que no Código de Processo Civil de 1973 a fungibilidade entre a tutela antecipada e a tutela cautelar era via de mão única.[12]

12 Vale lembrar os ensinamentos de Luiz Guilherme Marinoni (*Antecipação da tutela*, cit., p. 130): "O § 7º do art. 273 adota o chamado 'princípio da fungibilidade', muito ligado à questão dos recursos. Este parágrafo, ao aceitar a possibilidade de confusão entre as tutelas cautelar e antecipatória, frisa a diferença entre ambas. Isto por uma razão de lógica básica: somente coisas distintas podem ser confundidas. Em uma interpretação literal pode ser dito que o § 7º do art. 273 pretende somente

Quadro 10

Novo CPC	CPC/1973
Art. 306. O réu será citado para, no prazo de 5 (cinco) dias, contestar o pedido e indicar as provas que pretende produzir.	**Art. 802.** O requerido será citado, qualquer que seja o procedimento cautelar, para, no prazo de 5 (cinco) dias, contestar o pedido, indicando as provas que pretende produzir. Parágrafo único. Conta-se o prazo, da juntada aos autos do mandado: I – de citação devidamente cumprido; II – da execução da medida cautelar, quando concedida liminarmente ou após justificação prévia.

Referida disposição legal prevê que o réu será citado para, em cinco dias, contestar o pedido cautelar antecedente, indicando, inclusive, e de forma técnica e precisa, as provas que pretende sejam produzidas, sob pena de preclusão. É rito apertado em comparação ao procedimento comum.

Algumas outras considerações merecem ser feitas.

A primeira é a de que para o prazo, nos novos moldes, pelo que dispõe o art. 239 do NCPC, neste caso, somente serão computados os dias úteis.

viabilizar a concessão, no bojo do processo de conhecimento, da tutela cautelar que foi chamada de antecipatória. Se a tutela foi batizada de 'antecipatória', mas a substância é 'cautelar', ela pode ser deferida no bojo do processo de conhecimento, *desde que haja dúvida fundada e razoável quanto à sua natureza*. Entretanto, aceitando-se a possibilidade de requerimento de tutela cautelar no processo de conhecimento, é correto admitir a concessão de tutela de natureza antecipatória ainda que ela tenha sido postulada com o nome de cautelar. Neste caso, não existindo erro grosseiro do requerente, ou, em outras palavras, havendo dúvida fundada e razoável quanto à natureza da tutela, aplica-se a ideia de fungibilidade, uma vez que o seu objetivo é o de evitar maiores dúvidas quanto ao cabimento da tutela urgente (evidentemente de natureza nebulosa) no processo de conhecimento. O § 7º do art. 273 não supõe a identidade entre tutela cautelar e tutela antecipatória ou trata da possibilidade de toda e qualquer tutela cautelar poder ser requerida no processo de conhecimento. Tal norma, partindo do pressuposto de que, em alguns casos, pode haver confusão entre as tutelas cautelar e antecipatória, deseja apenas ressalvar a possibilidade de se conceder tutela urgente no processo de conhecimento nos casos em que houver dúvida fundada e razoável quanto à sua natureza (cautelar ou antecipatória)".

A segunda é a de que, como não se dispõe mais de processo cautelar autônomo como outrora, o pleito cautelar desenvolve-se no mesmo processo em que se discute o pedido principal.

Dessa forma, tem-se situação nova em que um único processo, agora, comporta diversos procedimentos em fase de conhecimento, visto que se tem, a princípio, o rito cautelar antecedente e, logo em seguida, com a vinda da petição a cuidar do pedido principal, outro rito a cuidar do conhecimento do pedido principal, o procedimento comum, que também deverá abarcar o pleito cautelar.

Sendo assim, nos parece que será fundamental na *práxis* forense que os demandantes, inclusive em nome da boa-fé e da cooperação, nomeiem cada uma das petições intercorrentes dirigidas ao processo com o intuito de melhor ordená-lo, facilitando a compreensão.

Quadro 11

Novo CPC	CPC/1973
Art. 307. Não sendo contestado o pedido, os fatos alegados pelo autor presumir-se-ão aceitos pelo réu como ocorridos, caso em que o juiz decidirá dentro de 5 (cinco) dias. Parágrafo único. Contestado o pedido no prazo legal, observar-se-á o procedimento comum.	**Art. 803.** Não sendo contestado o pedido, presumir-se-ão aceitos pelo requerido, como verdadeiros, os fatos alegados pelo requerente (arts. 285 e 319); caso em que o juiz decidirá dentro em 5 (cinco) dias.

O art. 307 do NCPC revela pouca novidade em relação ao previsto no art. 803 do Código revogado, inovando o CPC/2015 no sentido de que, havendo resposta do réu, o procedimento que até então era singular, guardava características próprias – prazo de cinco dias para contestar –, deverá seguir o rito do procedimento comum.

Como haverá a formulação do pedido do autor no prazo de 30 dias (art. 308) e sobre este haverá audiência de conciliação e mediação, nada impede que a cautelar outrora efetivada também seja novamente objeto de debate e resolução em audiência de conciliação e mediação a ser designada.

Caso a mediação ou conciliação se mostrem infrutíferas, o réu poderá oferecer nova contestação, mas, agora, atinente ao pedido principal, e respeitado o prazo de 15 dias, visto que, acerca do pedido cautelar, houve resposta anterior no prazo de 5 dias contados de sua citação.

Quadro 12

Novo CPC	CPC/1973
Art. 308. Efetivada a tutela cautelar, o pedido principal terá de ser formulado pelo autor no prazo de 30 (trinta) dias, caso em que será apresentado nos mesmos autos em que deduzido o pedido de tutela cautelar, não dependendo do adiantamento de novas custas processuais. § 1º O pedido principal pode ser formulado conjuntamente com o pedido de tutela cautelar. § 2º A causa de pedir poderá ser aditada no momento de formulação do pedido principal. § 3º Apresentado o pedido principal, as partes serão intimadas para a audiência de conciliação ou de mediação, na forma do art. 334, por seus advogados ou pessoalmente, sem necessidade de nova citação do réu. § 4º Não havendo autocomposição, o prazo para contestação será contado na forma do art. 335.	**Art. 806.** Cabe à parte propor a ação, no prazo de 30 (trinta) dias, contados da data da efetivação da medida cautelar, quando esta for concedida em procedimento preparatório.

Assim como havia previsão no Código revogado, o Novo CPC mantém a preocupação com os efeitos no tempo da efetivação da tutela cautelar antecedente. Não se pode ver com justeza decisão que constringe os bens do réu e os torna indisponíveis, por exemplo, e sobre a qual não haja obrigatoriedade de discussão quanto ao pedido final.

Sendo assim, com a efetivação da tutela provisória de urgência cautelar, o autor deverá trazer os fatos e o pedido principal, nos mesmos autos, em 30 dias, não dependendo de adiantamento de novas custas processuais sob pena de cessação dos efeitos da tutela provisória antes deferida.

Assim nos parece salutar, visto que não seria razoável com o demandado permanecer sofrendo com os efeitos de eventual constrição judicial de natureza cautelar de modo a se perder no tempo.

Além disso, poderá o autor também apresentar, conjuntamente, o pedido principal e o pedido cautelar, se assim lhe aprouver, podendo, inclusive, aditar a causa de pedir.

Apresentado o pedido principal, as partes serão intimadas para a audiência de conciliação ou mediação. Se não houver autocomposição, abrir-se-á prazo para contestação.

Quadro 13

Novo CPC	CPC/1973
Art. 309. Cessa a eficácia da tutela concedida em caráter antecedente, se: I – o autor não deduzir o pedido principal no prazo legal; II – não for efetivada dentro de 30 (trinta) dias; III – o juiz julgar improcedente o pedido principal formulado pelo autor ou extinguir o processo sem resolução de mérito. Parágrafo único. Se por qualquer motivo cessar a eficácia da tutela cautelar, é vedado à parte renovar o pedido, salvo sob novo fundamento.	**Art. 808.** Cessa a eficácia da medida cautelar: I – se a parte não intentar a ação no prazo estabelecido no art. 806; II – se não for executada dentro de 30 (trinta) dias; III – se o juiz declarar extinto o processo principal, com ou sem julgamento do mérito. Parágrafo único. Se por qualquer motivo cessar a medida, é defeso à parte repetir o pedido, salvo por novo fundamento.

Não há grandes novidades a merecer considerações. Assim como havia previsão legal no Código anterior, a nova legislação também prevê hipóteses de cessação da eficácia da tutela cautelar concedida em caráter antecedente.

É forçoso dizer que, muito embora assim tratasse o vetusto Código e também nos mesmos moldes trate o Código atual, o Superior Tribunal de Justiça, em enunciado, determina que não somente haverá a cessação dos efeitos como, mais ainda, haverá também a extinção do processo sem resolução do mérito.

Verbete 482 da Súmula do STJ: "A falta de ajuizamento da ação principal no prazo do art. 806 do CPC acarreta a perda da eficácia da medida liminar deferida e a extinção do processo cautelar".

Vale lembrar que, caso haja a cessação da eficácia da tutela provisória de urgência cautelar antecedente, haverá hipótese de responsabilidade processual civil objetiva e o dever de reparar dano eventualmente sofrido pelo demandado e a ser apurado em liquidação, pelo que dispõe o art. 302 do NCPC.

Quadro 14

Novo CPC	CPC/1973
Art. 311. A tutela da evidência será concedida, independentemente da demonstração de perigo de dano ou de risco ao resultado útil do processo, quando: I – ficar caracterizado o abuso do direito de defesa ou o manifesto propósito protelatório da parte; II – as alegações de fato puderem ser comprovadas apenas documentalmente e houver tese firmada em julgamento de casos repetitivos ou em súmula vinculante; III – se tratar de pedido reipersecutório fundado em prova documental adequada do contrato de depósito, caso em que será decretada a ordem de entrega do objeto custodiado, sob cominação de multa; IV – a petição inicial for instruída com prova documental suficiente dos fatos constitutivos do direito do autor, a que o réu não oponha prova capaz de gerar dúvida razoável. Parágrafo único. Nas hipóteses dos incisos II e III, o juiz poderá decidir liminarmente.	**Art. 273** (...) II – fique caracterizado o abuso de direito de defesa ou o manifesto propósito protelatório do réu; (...) § 6º A tutela antecipada também poderá ser concedida quando um ou mais dos pedidos cumulados, ou parcela deles, mostrar-se incontroverso.

Inaugura este título outra espécie de tutela provisória, nomeada como tutela da evidência. Referida tutela não é nova, muito embora suas hipóteses de acontecimento tenham sido alargadas. Essa espécie de tutela provisória tem como característica marcante ser prescindível a urgência.

Assim como qualquer tutela provisória, seu deferimento ou indeferimento acontecerá por intermédio de decisão interlocutória, podendo, inclusive, se dar de forma liminar, e que comporta desafio por intermédio do recurso de agravo por instrumento. A tutela provisória, de forma geral, faz com que haja a distribuição do ônus do tempo do processo e isso fica bem evidente quando se trata da tutela da evidência.

A primeira hipótese delineada no inciso I do citado artigo guardava previsão no CPC anterior e doutrinariamente sempre fora conhecida como tutela antecipada sanção, pois puniria aquele que é desidioso ou desleal com o processo. No Código revogado era norma com previsão no art. 273, II. Assim como quando o direito alegado e debatido mostrar-se incontroverso, como acontecia no art. 273, § 6º, do CPC/1973.

Além disso, restou inserida no NCPC a expressão "dúvida razoável", o que faz com que a impugnação específica na contestação não seja, por si só, suficiente, havendo a necessidade de que o réu traga ao debate razões jurídicas viáveis, plausíveis, fazendo com que o novo processo seja dividido em dos tipos: aqueles que guardam qualidade argumentativa, a merecerem tratamento cuidadoso e individualizado, e aqueles em que não há qualidade argumentativa, dando azo para que os julgamentos repetitivos – como os Incidentes de Resolução de Demandas Repetitivas, a Assunção de Competência e os Recursos Extraordinários e Especial Repetitivos – os observem e os resolvam.

Dessa forma, para que a insurgência do réu não pareça protelatória, deverá demonstrar a existência de distinção ou da necessidade de superação do entendimento até então firmado. Do contrário, sofrerá com o deferimento da tutela provisória da evidência.[13]

3.2. A tutela provisória de urgência e a tutela da evidência

Intentando diminuir os efeitos maléficos do tempo ao processo, haja vista que o exercício de cognição exauriente é necessariamente demorado – a entrega da tutela definitiva depende da maturidade do processo –, fez-se com que o legislador determinasse técnica processual de adiantamento dos efeitos da decisão em cognição exauriente.

A essa técnica damos o nome de antecipação dos efeitos da tutela jurisdicional, o que permitirá a fruição o quanto antes dos efeitos da tutela definitiva, seja ela satisfativa ou não.

A tutela de urgência, espécie de tutela provisória, dispõe, ainda, de duas espécies, como já mencionado: a tutela satisfativa – ou antecipada

13 Alguns lembretes são necessários: Enunciado 34 do Fórum Permanente de Processualistas Civis: "(art. 311, I) Considera-se abusiva a defesa da Administração Pública, sempre que contrariar entendimento coincidente com orientação vinculante firmada no âmbito administrativo do próprio ente público, consolidada em manifestação, parecer ou súmula administrativa, salvo se demonstrar a existência de distinção ou da necessidade de superação do entendimento"; Enunciado 35 do Fórum Permanente de Processualistas Civis: "(art. 311) As vedações à concessão de tutela antecipada contra a Fazenda Pública não se aplicam aos casos de tutela de evidência"; Enunciado 217 do Fórum Permanente de Processualistas Civis: "(art. 1.012, § 1º, V; art. 311) A apelação contra o capítulo da sentença que concede, confirma ou revoga a tutela antecipada da evidência ou de urgência não terá efeito suspensivo automático".

– e a tutela não satisfativa – ou cautelar. Ambas, e o nome denota, estão calcadas na urgência, no perigo de dano – ou *periculum in mora.*

A situação de urgência denota a necessidade de utilização dessa técnica sob a premissa de abrandar ou inibir a lesão sobre determinado direito em virtude do tempo e da necessária espera pela realização dos atos processuais rotineiros. Se assim é, diz-se que a tutela provisória da urgência, quando deferida, nada mais faz senão distribuir, de forma isonômica, o ônus do tempo no processo, fazendo com que a parte ré também o sinta, e não somente o autor da ação.

Essa tutela provisória é analisada pelo magistrado sob o signo da sumariedade e permite ao jurisdicionado a fruição imediata dos efeitos que somente gozaria quando da decisão definitiva. Por ser provisória, essa tutela aguarda sua substituição por tutela definitiva.

De forma bastante comum, são três as características da tutela provisória: a sumariedade, a precariedade e a inaptidão ao trânsito em julgado.

Diz-se sumária a tutela provisória, pois a decisão é tomada em juízo de cognição sumária, sem que tenha havido, ainda, instrução probatória, de modo a exaurir o debate que irá certificar o direito, é análise perfunctória, superficial do direito, alicerçada em juízo de probabilidade.

Justamente porque sumária a análise, ainda que, a princípio, a tutela provisória conserve sua eficácia por todo o processo, essa decisão poderá ser revogada ou modificada a qualquer tempo, por isso seu caráter precário, pelo que dispõe o art. 296, *caput*, do CPC. Vale dizer que essa alteração ou revogação somente acontecerá caso haja mudança nas circunstâncias fático-jurídicas e a depender de requerimento da parte a quem prejudica.

Por último, como uma de suas características, e atrelada às demais até então, a inaptidão ao trânsito em julgado. Assim acontece, vez que a cognição é sumária e a decisão é precária.

Essa característica será, ainda, objeto de debate neste trabalho, visto que, no Novo Código de Processo Civil, a tutela antecipada, uma vez concedida e não combatida por intermédio do Agravo por Instrumento, sofrerá com fenômeno novo nomeado pelo legislador de estabilização, conforme o art. 304 do NCPC.

Como parece, a estabilização não importa em sinônimo de *coisa julgada*, no entanto, parece haver um novo caminho, ainda que não seja o do trânsito em julgado, haja vista que, após dois anos, tende a não mais ser possível sua revogação, reforma ou invalidação, a não ser que haja decisão meritória. Será tratado adiante com a acuidade merecida.

3.3. Regramento geral da tutela provisória

As tutelas provisórias de urgência encontram disciplina inicial no art. 300 do NCPC, a serem preenchidos os requisitos da *probabilidade do direito* e o *perigo de dano* ou o *risco ao resultado útil do processo*. Referida urgência, lembra-se, é fundamento à tutela provisória cautelar ou satisfativa.

De outro turno, a tutela provisória da evidência, como o nome mesmo pretende e faz desmistificar o tema, pressupõe a demonstração, pelo autor, de que é merecedor daquilo que alega. Para tanto, vislumbrou o legislador as hipóteses no art. 311 do NCPC.

As tutelas provisórias, a fim de que sejam concedidas, dependem de requerimento daquele a quem as aproveita, seja autor ou réu. A tutela provisória de urgência, cautelar ou satisfativa, poderá ser requerida no bojo de processo já existente, pretendendo o adiantamento dos efeitos da decisão definitiva, sem a necessidade do pagamento de custas, e então será nomeado o requerimento como *incidental* ao processo, pelo que estabelece o art. 295 do NCPC.

A utilização da técnica de antecipação dos efeitos da tutela jurisdicional, dessa forma, incidental ao processo, continuará sendo, sem dúvida, mais comum na *práxis* forense e, no mais das vezes, acontece desde o início, no corpo da peça vestibular, em simples petição intercorrente, ou, ainda, no transcorrer de audiência ou mesmo em alegações finais.

Além disso, dada a urgência e o receio acerca do perdimento do direito ou a possível lesão que este pode sofrer, possível é a apresentação de requerimento da tutela provisória de urgência de forma anterior, inaugurando o processo que, em momento posterior, receberá o requerimento pela tutela jurisdicional definitiva.

A tutela da evidência somente poderá ser formulada de forma incidental, ou seja, havendo processo em que já fora formulado requerimento final, definitivo, jamais podendo se dar de maneira antecedente a este.

3.4. Análise da evolução das tutelas de urgência

A doutrina majoritária sempre dividiu as tutelas de urgência em duas espécies: a tutela antecipada e a tutela cautelar. Alguns, ainda, mencionavam as *liminares*, mas, em nosso sentir, essa menção era equivocada. O termo liminar deve ser utilizado com a pretensão de designar aquilo que acontece no início, em fase inicial, e de forma com que a outra parte não fosse chamada *prima facie* à manifestação - *inaudita altera parte.*

Por isso dizer, e nos parece correto, em requerimento de tutela de urgência em caráter liminar, dando à liminar uma característica temporal, fazendo com que o magistrado conheça desse requerimento antes mesmo do efetivo contraditório - que deverá ser tardio, postergado - e não dando a ela alguma feição quanto ao seu conteúdo.

No entanto, essa discussão somente ficou mais clara quando a técnica de antecipação dos efeitos da tutela jurisdicional ingressou em nosso ordenamento, porque, até então, diversos diplomas legislativos[14] tratavam da liminar como uma espécie de tutela de urgência, sendo a única forma prevista como técnica de satisfatividade.[15]

Antes de 1994 a tutela de urgência era dividida em duas espécies: tutela cautelar e liminares, tendo sido esta o instrumento a ser adotado exclusivamente em alguns tipos de procedimentos ou legislações extravagantes.

Nessa toada, pois, as tutelas satisfativas ficavam restritas a procedimentos como mandado de segurança, ação civil pública, ação declaratória de constitucionalidade ou inconstitucionalidade, ação popular, embargos de terceiro, ação possessória de força nova, entre outras.

Como as situações rotineiras dos jurisdicionados não eram amplamente resguardadas, havendo a possibilidade de tutelas de urgência satisfativas somente em procedimentos específicos, a prática forense costumeiramente adotava a tutela cautelar como instrumento de satisfação fática, fugindo ao seu conceito primário de mera garantia.

O Estado-juiz, provocado, concedia a tutela cautelar, sob as premissas do poder geral de cautela, uma vez que dessa forma era melhor do que eventualmente acontecer o perecimento do direito em virtude da ausência de previsão legal.

Daí, pois, algumas reminiscências em expressões como *tutelas cautelares satisfativas.*

Com o ingresso da tutela antecipada em nosso ordenamento processual civil a prever a possibilidade, ampla e genérica, de satisfa-

14 A antiga Lei do Mandado de Segurança, de nº 1.533/1951, por exemplo.

15 NEVES, Daniel Amorim Assumpção. *Manual de direito processual civil.* 5. ed. São Paulo: Método. p. 1.156.

tividade fática, com a Lei 8.952/1994, houve o preenchimento desse vazio legislativo e a doutrina começou a fazer distinção entre o que seria objeto da tutela antecipada e o que seria objeto da tutela cautelar, fazendo com que eventuais enganos sobre esses institutos não sejam mais aceitos.

Como bem dito por Dinamarco, a tutela antecipada era a generalização das liminares.[16] Portanto, caso houvesse a necessidade de se obter tutela de urgência satisfativa e previsão específica quanto à liminar, deveria o requerente postular por esta. Caso não houvesse previsão específica, se valeria da tutela antecipada.

Tanto era assim que a doutrina sempre mencionava como exemplo as ações possessórias:

> em resumo: caberá tutela antecipada quando não houver previsão de liminar. Um excelente exemplo é a ação possessória: sendo de posse nova, cabe o pedido de liminar, porque previsto em lei (arts. 924 e 928 do CPC/73), mas sendo de posse velha, não há previsão legal de liminar, restando ao autor o direito à obtenção da tutela antecipada, desde que preenchidos os requisitos.[17]

A tradicional diferença entre a tutela antecipada e a tutela cautelar que se fazia antes desse novo regramento processual ainda se impõe, no sentido de que esta assegura o resultado útil do processo, enquanto aquela satisfaz faticamente o direito do autor ou réu. Mas essa distinção, muito embora, a princípio, possa parecer singela, não o é a fundo.

A tutela cautelar garante para que então aconteça a satisfação, enquanto a tutela antecipada satisfaz para então garantir. Explicamos. Ao passo que a tutela cautelar objetiva garantir o resultado final do processo, essa garantia, é bem verdade, serve para a fruição/satisfação do direito.

Visto que isso sempre pareceu confuso aos olhos de alguns, o Código de Processo Civil revogado previa, no § 7º do art. 273, a possibilidade de fungibilidade entre as tutelas de urgência.

Assim pontua Neves:

16 DINAMARCO, Cândido Rangel. *Fundamentos do processo civil moderno*. 3. ed. São Paulo: Malheiros, 2000. p. 623.

17 NEVES, Daniel Amorim Assumpção. *Manual de direito processual civil*, cit., p. 1.156.

> Numa ação de sequestro, a realização da constrição judicial e do depósito dos bens nas mãos de um depositário judicial garante que, definida a partilha entre os cônjuges, os bens estejam íntegros, evitando qualquer espécie de dilapidação patrimonial (art. 822, III, do CPC/73). Essa garantia, entretanto, não se justifica por si só, servindo tão somente para que ao final do processo o direito das partes seja plenamente satisfeito. Numa tutela antecipada de liberação imediata de medicamento, a satisfação fática gerada pela imediata entrega do medicamento ao autor serve para garantir que ao final da demanda a decisão de procedência seja útil. De que valeria a concessão do remédio somente em sede de tutela definitiva se o lapso temporal para tanto é suficiente para deteriorar de tal forma a saúde do autor a ponto de tornar a entrega do medicamento inútil?[18]

3.4.1. A homogeneização dos requisitos de concessão

Visto que se trata de tutelas provisórias, concedidas sob o crivo da cognição sumária, em juízo de *probabilidade*, a aferição quanto à aparência do direito na tutela cautelar e na tutela antecipada não pode ser a mesma.

No vetusto CPC, como requisito para a concessão da tutela antecipada, havia a necessidade de demonstração da prova inequívoca do direito e a verossimilhança da alegação, segundo previsão expressa do revogado art. 273.

Sempre que se buscava definir esses institutos, imaginava-se que o magistrado, quando do recebimento da petição inicial e da determinação quanto à instrumentalização da demanda, iniciava sua cognição a partir do absoluto desconhecimento, como de olhos vendados, e, com o transcurso do processo, encaminhava-se até a sentença, para um juízo de certeza.

Portanto, significava dizer que o magistrado deveria, em juízo de probabilidade, ater-se, quando da análise e concessão da tutela antecipada, à robustez da prova, no sentido de que esta, a princípio, deva, ao menos, se assim houver previsão, respeitar requisitos formais de existência e a validade da prova. Em outras palavras, a característica de a prova ser ou não inequívoca estará, a princípio, no respeito a dispositivo legal atinente à regularidade formal.[19]

---

18 NEVES, Daniel Amorim Assumpção. *Manual de direito processual civil*, cit., p. 1.158.

19 Basta imaginar a seguinte situação, com o intuito de ilustrar a assertiva.
Maria Luisa e João formalizam a compra e venda de imóvel no valor de R$ 2.000.000,00 (dois milhões de reais) e pactuam que João ficará no imóvel por mais

Quanto à verossimilhança das alegações, significa que há plausibilidade na narrativa dos fatos trazida pelo autor ou pelo réu, sendo tema de verdade provável.

"Um dado não pode ser esquecido: a existência de prova não conduz necessariamente a juízo de verossimilhança e ao acolhimento do pedido; e o juízo de verossimilhança não decorre necessariamente de atos probatórios".[20]

Além disso, há a necessidade de que o magistrado realize a subsunção desse contexto fático/probatório à norma posta.

> De um lado, nem sempre uma prova dos fatos implicará o acolhimento da pretensão - ainda que em caráter provisório. É o que se dá, por exemplo, quando os fatos, ainda que devidamente corroborados, não se subsomem ao enunciado normativo invocado, ou, ainda que juridicizados, não geram os efeitos jurídicos desejados. E mais, ainda que provados e verossímeis os fatos trazidos pelo requerente, pode o requerido trazer prova pré-constituída de fato noto, extintivo (ex.: pagamento), modificativo (ex.: renúncia parcial) ou

---

trinta dias a contar da assinatura do contrato. As situações são as seguintes. Na primeira hipótese ambos decidem formalizar o negócio em instrumento particular e, pretendendo dar maior credibilidade, ainda reconhecem a firma de ambos. Em segunda hipótese, pactuam a mesma venda e compra, no entanto, instrumentalizam em escritura pública, seguindo aquilo que dispõe o art. 108 do Código Civil ("Art. 108. Não dispondo a lei em contrário, a escritura pública é essencial à validade dos negócios jurídicos que visem à constituição, transferência, modificação ou renúncia de direitos reais sobre imóveis de valor superior a trinta vezes o maior salário mínimo vigente no País"). Vale dizer que Maria Luisa, sentindo que João estava em dúvida se devia ou não vender o imóvel por esse valor, coloca, em cima da mesa de negociações, um revólver, com o intuito claro de coagir João a assinar o documento público.

Passados 30 dias, João não deixa o imóvel e Maria Luisa propõe ação pretendendo, em tutela antecipada, a remoção de João.

Como é sabido, para a concessão da tutela antecipada, um dos requisitos de análise será aquele referente à prova inequívoca. Na primeira hipótese, visto que houve desrespeito quanto à forma, pois há previsão legal no Código Civil de que, ultrapassado o valor de 30 vezes o salário mínimo, a escritura deve ser pública, o indeferimento é decisão que se impõe, uma vez que padece quanto a um vício de forma. Na segunda hipótese, visto que houve respeito quanto à forma, diz-se que essa prova é inequívoca a sustentar a concessão da tutela antecipada, muito embora, ao longo do processo, fique demonstrado o vício na vontade de João em assinar a escritura e esse negócio reste desfeito e haja o perdimento da tutela antecipada anteriormente concedida).

---

20 CARNEIRO, Athos Gusmão. *Da antecipação de tutela*. 5. ed. Rio de Janeiro: Forense, 2004. p. 28.

> impeditivo (ex.: prescrição) do direito deduzido, invertendo, pois, a verossimilhança.[21]

Já na tutela cautelar, não há a conjugação dos requisitos de *prova inequívoca* e *verossimilhança das alegações*, mas somente de *fumus boni iuris*.

No art. 300 do NCPC assim restou consignado: "A tutela de urgência será concedida quando houver elementos que evidenciem a probabilidade do direito e o perigo de dano ou o risco ao resultado útil do processo".

Referido dispositivo legal cuida das normas gerais das tutelas provisórias de urgência, portanto, aplicáveis tanto à tutela antecipada quanto à tutela cautelar.

A primeira consideração que há de ser feita é que, com a extinção do processo autônomo cautelar, agora se fala em pedido cautelar e sua localização se dará ao lado daquele pedido chamado principal. Ou seja, ambos compartilharão o mesmo processo. Dessa forma, esta é outra mudança que aproxima e muito os dois institutos, sem, no entanto, permitir que haja confusão entre eles.

A natureza jurídica da tutela antecipada e a da tutela cautelar, no Novo CPC, estão absolutamente delineadas e continuam bem distintas, no sentido de a tutela cautelar ser garantidora do resultado útil e eficaz do processo e a tutela antecipada ser aquela que satisfaz faticamente. E, mais ainda, mesmas premissas, de que a tutela cautelar garante para satisfazer, e a tutela antecipada satisfaz o direito no plano fático.

Na vigência do Código de Processo Civil anterior havia grande debate doutrinário acerca do requisito da *prova inequívoca* e da *verossimilhança das alegações*, previsto para a tutela satisfativa, e do requisito da probabilidade, para as tutelas não satisfativas, como afirmado *supra*.

O novo Código de Processo Civil iguala o grau de convencimento necessário à concessão de ambas as tutelas provisórias de urgência. Pelo que dispõe o referido dispositivo legal, tanto para a tutela cautelar, quanto para a tutela antecipada, somente se exigem elementos que evidenciem a probabilidade do direito.[22]

---

21 NEVES, Daniel Amorim Assumpção. Tutela antecipada sancionatória. *Revista Dialética de Direito Processual*, São Paulo: Dialética, n. 43, p. 21.

22 Adiantava Marinoni à época do Código revogado: "Se não há dúvida de que o juiz está autorizado a conceder tutela antecipatória a partir da verossimilhança que

Significa, portanto, que o intenso embate doutrinário acerca de eventual diferença em probabilidade das tutelas satisfativas e das tutelas não satisfativas esvazia-se, sendo a mesma probabilidade de o direito ser suficiente tanto a uma quanto a outra, tanto à tutela provisória de urgência antecipada quanto à tutela provisória de urgência cautelar.

Houve verdadeira homogeneização da probabilidade enquanto requisito para a tutela de urgência cautelar e a tutela de urgência antecipada.

Mais ainda, o legislador não é explícito ao definir quais elementos serão capazes de agir no convencimento do magistrado e possibilitar a concessão, em cognição sumária, da tutela provisória de urgência requerida.

É claro que a análise do juiz permeará o contexto fático, uma vez que o juiz deve aplicar o direito ao caso concreto, mas não pontuou o novo Código se esse convencimento será sob as premissas da verossimilhança das alegações ou se deve o juiz buscar alguma prova a corroborar seu convencimento.

Em outras palavras, a primeira pergunta que se faz é se o juiz poderá, no caso em concreto, se ver satisfeito simplesmente com alegações que, porque plausíveis enquanto narrativa fática, verossímeis, seriam também suficientes para a concessão da tutela provisória de urgência.

A redação do art. 300 não firma aquilo que evidentemente deve ser o parâmetro de análise.

Visto que não há exigência legal, poderá o magistrado, em nosso sentir, convencido da boa argumentação do requerente, eis que verossímeis, fruto de sólido enredo argumentativo, conceder a tutela provisória de urgência, tendo como prescindíveis outras provas que serviriam para corroborar seus argumentos.

Entretanto, vale pontuar que

> a "convicção da verdade" é relacionada com a limitação humana de buscar a verdade e, especialmente, com a correlação entre essa

preponderar, falta ainda esclarecer a ligação entre essa autorização e a prova inequívoca. (...) Não há qualquer lógica na distinção entre a convicção de verossimilhança própria à tutela antecipatória e aquela característica à tutela cautelar. Com efeito, é um enorme equívoco imaginar que a verossimilhança possa variar conforme se esteja diante da tutela cautelar ou da tutela antecipatória. Trata-se apenas de uma tentativa, evidentemente destituída de êxito, de empregar a lógica matemática para demonstrar algo que não pode ser por ela explicado" (MARINONI, Luiz Guilherme. *Antecipação da tutela*, cit., p. 170-171).

> limitação e a necessidade de definição dos litígios. Para ser mais preciso: o juiz chega à convicção da verdade a *partir da consciência da impossibilidade da descoberta da sua essência*, uma vez que é essa que demonstra a falibilidade do processo para tanto. Trata-se, em outros termos, de recordar Calamandrei quando advertiu que apesar de a natureza humana não ser capaz de alcançar verdades absolutas, "é um dever de honestidade inalcançável". A verossimilhança quando compreendida na linha da teoria do conhecimento, não pode ser colocada no mesmo plano da convicção, pois existe convicção de verdade e convicção de verossimilhança, ainda que ambas, na perspectiva gnoseológica, somente possam resultar em verossimilhança.[23]

Concernente ao requisito do *periculum in mora*, não houve alteração significativa, restando assentada a mesma premissa de que o tempo, por vezes, é inimigo da efetividade da tutela ou do processo. Portanto, caberá à parte demonstrar ao juiz que, caso não haja proteção em tempo adequado, de nada adiantará proteção em outro momento, pois seu direito já terá perecido.

Com fôlego, ainda, as palavras de Marinoni:

> Há "irreparabilidade" quando os efeitos do dano não são reversíveis. Entram aí os casos de direito não patrimonial (direito à imagem, por exemplo) e de direito patrimonial com função não patrimonial (soma em dinheiro necessária para aliviar um estado de necessidade causado por um ilícito, por exemplo). Mas, há irreparabilidade, ainda, no caso de direito patrimonial que não pode ser *efetivamente tutelado* através da reparação em pecúnia. Ou seja, existe irreparabilidade quando o direito não pode ser restaurado na *forma específica*. (...) a tutela antecipatória de soma somente será admissível para impedir a prática de dano que não ocorreria se o demandado não houvesse cometido o ato que se pretende ver corrigido pela tutela final. Ou melhor: se o dano temido não tem relação com o ato praticado pelo demandado, a antecipação da tutela não pode ser concedida. Se o autor precisa imediatamente de pecúnia por razões não relacionadas com o ato imputado ao réu, descabe tutela antecipatória, pois essa não pode ser vista como expediente para auxiliar o autor que, por motivos alheios à conduta do demandado, precisa imediatamente de soma em dinheiro. (...) O dano é de "difícil reparação" se as condições econômicas do réu não autorizam supor que o dano será efetivamente reparado. O dano também é de "difícil reparação" se dificilmente poderá ser individualizado ou quantificado com pre-

23 MARINONI, Luiz Guilherme. *Antecipação da tutela*, cit., p. 167.

> cisão. Assim, por exemplo, no caso em que o ilícito praticado gera desvio de clientela, hipótese em que, além da difícil quantificação do dano emergente, o empresário sofre uma acentuação do prejuízo na medida em que, com o passar do tempo do procedimento ordinário, assiste ao progressivo afastamento dos seus clientes. Nessa hipótese, para se evitar a continuação da concorrência desleal (por exemplo), deve ser proposta ação inibitória, requerendo-se tutela inibitória na forma antecipada com base na probabilidade da sua continuação (ato contrário ao direito).[24]

A irreversibilidade da tutela de urgência antecipada é, portanto, verdadeiro requisito *negativo* para a concessão da tutela provisória. Comumente chamada de *periculum in mora in reverso*, esse requisito não diz respeito ao provimento que antecipa a tutela, mas aos efeitos práticos gerados por ele.

Nesses moldes fora editado o Enunciado 143 do Fórum Permanente de Processualistas Civis (FPPC): "A redação do art. 300, *caput*, superou a distinção entre os requisitos da concessão para a tutela cautelar e para a tutela satisfativa de urgência, erigindo a probabilidade e o perigo na demora a requisitos comuns para a prestação de ambas as tutelas de forma antecipada".[25]

3.4.2. Caução

No art. 804[26] do Código de Processo Civil revogado havia previsão legal expressa quanto à caução, nos casos em que a tutela cautelar era concedida em caráter liminar.

24 MARINONI, Luiz Guilherme. *Antecipação da tutela*, cit., p. 155.

25 Necessárias as considerações de Marinoni à época do CPC/1973: "O § 2º do art. 273 afirma que 'não se concederá a antecipação da tutela quando houver perigo de irreversibilidade do provimento antecipado'. Como está absolutamente claro, o art. 273 fala em 'irreversibilidade do provimento' e não em 'irreversibilidade dos efeitos fáticos do provimento'. Não seria preciso dizer que 'irreversibilidade do provimento' e 'irreversibilidade dos efeitos fáticos do provimento' são coisas que não se misturam, se não fosse a confusão, que sempre reinou nos tribunais, entre a estrutura e a função da tutela antecipatória" (MARINONI, Luiz Guilherme. *Antecipação da tutela*, cit., p. 191).

26 "Art. 804. É lícito ao juiz conceder liminarmente ou após justificação prévia a medida cautelar, sem ouvir o réu, quando verificar que este, sendo citado, poderá torná-la ineficaz, caso em que poderá determinar que o requerente preste caução real ou fidejussória de ressarcir os danos que o requerente possa vir a sofrer".

Ainda que não houvesse previsão legal expressa no art. 273 do CPC/1973 a determinar a caução para os casos de tutela antecipada, havia entendimento jurisprudencial e doutrinário[27] pela possibilidade.

Nesse sentido, é importante ressaltar o seguinte aresto do Superior Tribunal de Justiça (3ª Turma, REsp 952.646/SC, Rel. Min. Nancy Andrighi, j. 04.11.2008):

> Processo civil. Antecipação dos efeitos da tutela. Exigência de caução, com fundamento no art. 273, 3º, do CPC. Remissão feita, pela lei, ao art. 588 do CPC, que foi revogado pela reforma promovida pela Lei n. 11.232/05. Alegação de impossibilidade de exigência de caução não acolhida. Dispositivo que foi meramente deslocado, do art. 588 para o art. 475-O, do CPC. Hipótese em que, ademais, é da natureza dos provimentos não definitivos a possibilidade de causar dano à parte contrária, do que exsurge a possibilidade de exigência de caução. Recurso não conhecido.
> - A prévia propositura de medida cautelar pelo recorrente e seu deferimento, pela Relatora, nesta Corte, não vinculam a decisão a ser tomada por ocasião do julgamento do recurso especial. O julgamento de medidas cautelares se dá com base em cognição sumária e provisória dos fatos e elementos da causa. O Recurso Especial é julgado mediante cognição exauriente e definitiva, o que pode levar o julgador à revisão de seu posicionamento inicial.
> - A revogação do art. 588 do CPC, pela Lei n. 11.232/2005, não leva à perda de eficácia da remissão feita a ele pelo art. 273, § 3º, do CPC. A revogação desse dispositivo foi meramente formal, já que a regra nele contida, do ponto de vista substancial, continua presente no art. 475-O do Código, com redação quase idêntica. Assim, a interpretação teleológica do CPC recomenda que remissão feita a um dispositivo, seja lida como se indicasse o outro.
> - Não há incompatibilidade entre o procedimento da antecipação de efeitos da tutela, e a exigência de caução. Apesar de o art. 475-O mencionar, apenas, a execução provisória do julgado, sua proteção deve ser estendida, "no que couber", aos provimentos antecipatórios.

No novo Código de Processo Civil, em seu art. 300, § 1º,[28] há previsão expressa acerca da exigência de prestação de caução para a

---

27 DINAMARCO, Cândido Rangel. *A Nova*, n. 47, p. 100.

28 "Art. 300. (...) § 1º Para a concessão da tutela de urgência, o juiz pode, conforme o caso, exigir caução real ou fidejussória idônea para ressarcir os danos que a outra parte possa vir a sofrer, podendo a caução ser dispensada se a parte economicamente hipossuficiente não puder oferecê-la."

concessão da tutela provisória de urgência com o intuito de ressarcir os danos que a outra parte possa vir a sofrer. Assim acontece por conta da homogeneização que as tutelas de urgência passaram no Código de Processo Civil de 2015.

O dispositivo mencionado não faz da caução exigência em todas as hipóteses de requerimento, por certo. Caberá ao juiz, diante do caso concreto, determinar a necessidade do estabelecimento da caução.

Além disso, ainda que se exija caução, esta poderá ser dispensada, em correta ponderação de valores feita pelo legislador, nos casos em que a parte for economicamente hipossuficiente e a exigência possa vir a sacrificar o direito da parte. Sem dúvida alguma, essa análise perpassa os parâmetros do *periculum in mora in reverso*.

Referida caução poderá ser real ou fidejussória, idônea, e deverá ser suficiente ao eventual ressarcimento.

A avaliação quanto à suficiência da caução é bastante delicada não somente porque não se consegue imaginar com a certeza que se mereceria o quanto de prejuízo eventualmente seria suportado, como também porque o novo diploma processual estabeleceu sistemática de responsabilização/indenização no art. 302 a ser apurada em liquidação, muito parecido com aquilo que era feito no art. 811 do CPC/1973 no regime das cautelares, donde se fará a mensuração das *perdas e danos*, o que importa em *dano emergente* e *lucros cessantes*.

3.4.3. Responsabilização objetiva na tutela provisória de urgência

No Código de Processo Civil de 1973, no livro das cautelares, no art. 811, havia previsão acerca da responsabilidade civil do requerente. Significava dizer, pois, que, caso houvesse o acontecimento de quaisquer das hipóteses do rol legal e exaustivo de responsabilização, deveria o causador do dano ressarcir os prejuízos eventualmente suportados pela outra parte.

A matéria é de grande repercussão, constante do Informativo 505 do STJ, 4ª Turma, REsp 1.191.262/DF, Rel. Min. Luis Felipe Salomão, j. 25.09.2012:

> O autor ingressa com uma ação e pede a tutela antecipada. O juiz defere. Na sentença, o juiz julga improcedente a demanda e revoga a tutela antecipada. Ocorre que a tutela antecipada causou danos morais e materiais ao réu. O autor da ação tem a responsabilidade objetiva de indenizar o réu quanto a esses prejuízos, independentemente de pronunciamento judicial e pedido específico da parte interessada.

A jurisprudência, de forma não tão comum, também aplicava à tutela antecipada, portanto, essa sistemática de responsabilização processual civil pelos danos causados.

Para mais uma vez corroborar que esses institutos, ainda que guardadas suas diferenças essenciais, estão bem próximos, o novo legislador fez com que, no art. 302 do NCPC, houvesse previsão legal expressa quanto à sistemática de responsabilização às tutelas provisórias de urgência.

Restou nos seguintes termos o mencionado artigo:

> Art. 302. Independentemente da reparação por dano processual, a parte responde pelo prejuízo que a efetivação da tutela de urgência causar à parte adversa, se:
> I – a sentença lhe for desfavorável;
> II – obtida liminarmente a tutela em caráter antecedente, não fornecer os meios necessários para a citação do requerido no prazo de 5 (cinco) dias;
> III – ocorrer a cessação da eficácia da medida em qualquer hipótese legal;
> IV – o juiz acolher a alegação de decadência ou prescrição da pretensão do autor.
> Parágrafo único. A indenização será liquidada nos autos em que a medida tiver sido concedida, sempre que possível.

Interessante é debater se poderia o magistrado determinar a tutela provisória de urgência de ofício, independentemente de requerimento das partes.

Com relação à tutela cautelar, no Código revogado, o Superior Tribunal de Justiça entendia pela possibilidade, e ilustra-se com o seguinte aresto em REsp 1.255.398/SP, Rel. Min. Nancy Andrighi, j. 20.05.2014, 3ª Turma:

> Processo civil. Petição inicial. Pedido. Interpretação. Limites. Medida cautelar. Poder geral de cautela. Limites. Dispositivos legais analisados: arts. 128, 460 e 798 do CPC.
> 1. Ação ajuizada em 01.01.2003. Recurso especial concluso ao gabinete da Relatora em 03.08.2011.
> 2. Recurso especial em que se discute se a sentença é *ultra petita* e se houve a perda de objeto da ação.
> 3. O pedido deve ser extraído da interpretação lógico-sistemática da petição inicial, a partir da análise de todo o seu conteúdo. Precedentes.
> 4. A decisão que interpreta de forma ampla o pedido formulado pelas partes não viola os arts. 128 e 460 do CPC, pois o pedido é o que se pretende com a instauração da ação. Precedentes.

> 5. O art. 798 do CPC confere ao Juiz ampla liberdade no exercício do poder geral de cautela, não ficando ele adstrito, quando examina pedido cautelar, ao princípio dispositivo traçado pelas partes.
> 6. Nada impede o Juiz de, com base no poder geral de cautela, determinar de ofício a adoção de medida tendente a garantir a utilidade do provimento jurisdicional buscado na ação principal, ainda que não requerida pela parte.
> 7. Recurso especial provido.

No entanto, diferente deveria ser o tratamento com relação à tutela antecipada no Código revogado, uma vez que, na redação do *caput* do art. 273, mencionava-se de forma expressa que a concessão da tutela antecipada dependeria de "requerimento" da parte a quem o aproveita.

A redação do atual Código é bem pontual, em diferentes artigos, a restabelecer a polêmica da necessidade de haver requerimento pela parte para a concessão da tutela provisória ou se o magistrado poderia concedê-la de ofício.

O art. 302 aduz acerca da responsabilização que "a efetivação da tutela de urgência causar à parte adversa", podendo fazer com que, para alguns,[29] pudesse haver a concessão da tutela provisória de urgência *ex officio*. No entanto, feita a leitura de forma sistematizada, o art. 295 do NCPC dispõe de forma clara que "a tutela provisória será requerida".

O art. 297 do NCPC aponta que o juiz "poderá determinar as medidas que considerar adequadas para efetivação da tutela provisória" e, em seguida, o art. 298 fora redigido no sentido de o juiz, "na decisão que conceder, negar, modificar ou revogar a tutela provisória" deverá motivar o seu convencimento de modo claro e preciso.

Ora, sem dúvida, somente é possível ao juiz determinar medidas de efetivação ou efetivamente conceder caso tenha havido requerimento por quem dela se aproveitaria, por certo.

Outrossim, o art. 299 é expresso ao mencionar que a "tutela provisória será requerida ao juízo da causa e, quando antecedente, ao juízo competente para conhecer do pedido principal".

Discordamos, de forma geral, da possibilidade de o magistrado atuar sem o devido e expresso requerimento, pois, caso haja possibilidade de o magistrado poder conceder, de ofício, a tutela provisória, e esta concessão, para a parte a quem aproveita, possa parecer temerária, se estaria diante da desarrazoada necessidade do requerente de se manifestar contrariamente à concessão, o que não faria sentido algum.

29 AMARAL, *Comentários*, p. 402.

No entanto, não podemos nos afastar da hipótese de o objeto em questão versar sobre direito indisponível e, desde que preenchidos os requisitos legais, ainda que não haja expresso requerimento ao magistrado, e tratando-se de tutela provisória de urgência, este poder atuar de ofício pretendendo, inclusive, garantir a efetividade do processo. Vale dizer que esta assertiva não encontra respaldo legal uma vez que não existe, ao que nos parece, dispositivo expresso no CPC a corroborar esta possibilidade.

Além disso, também acreditamos na possibilidade excepcional da concessão da tutela provisória da evidência *ex officio* quando esta for do tipo sancionatória, prevista no art. 311, I, do NCPC, donde fica caracterizado o abuso do direito de defesa ou o manifesto propósito protelatório da parte.

Ainda que o Poder Geral de Cautela remanesça no NCPC, o que inclusive se confirma no Enunciado 31 do Fórum Permanente de Processualistas Civis: "O poder geral de cautela está mantido no NCPC".

E, ainda, quem arcaria com o prejuízo no caso de revogação *a posteriori* da tutela provisória concedida *ex officio*? Somente é possível imputar a alguém o dano se este fez requerimento para tanto. Valendo lembrar, ainda, que se está sob as vestes da responsabilização processual civil objetiva.

O STJ já decidiu sobre o tema da responsabilidade processual e seu caráter objetivo no REsp 1.236.874, sob a relatoria da Min. Nancy Andrighi:

> Da liquidação da indenização decorrente de execução de medida cautelar (art. 811, parágrafo único, do CPC).
> Estabelece o art. 811, I, do CPC que o requerente da medida cautelar responde ao requerido, caso a sentença no processo principal lhe seja desfavorável, pelo prejuízo causado por sua execução.
> Trata-se de responsabilidade objetiva do requerente da medida, derivada, por força de texto expresso de lei, do julgamento de improcedência do pedido deduzido na ação principal. Nesse sentido, confira-se o REsp 1.191.262/DF, Rel. Min. Luis Felipe Salomão, Quarta Turma, *DJe* 16/10/2012, e o REsp 127.498/RJ, Rel. Min. Waldemar Zveiter, Terceira Turma, *DJ* 22/09/1997.
> Para satisfação de sua pretensão, consoante dispõe a norma do parágrafo único do artigo mencionado, bem como na esteira do entendimento pacífico deste Tribunal, basta que a parte lesada promova a liquidação dos danos – imprescindível para identificação e quantificação do prejuízo –, nos autos do próprio procedimento cautelar (REsp 169.355/SP, Rel. Min. Carlos Alberto Menezes Direito,

> Terceira Turma, *DJ* 10/05/1999, e AgRg no Ag 534.499/RS, Rel. Min. Luis Felipe Salomão, Quarta Turma, *DJe* 20/04/2009).
> Depois de quantificado o dano, deve o liquidante requer a correspondente execução, na forma do art. 475-J do CPC.
> Cuida-se, em última análise, de liquidação de obrigação de indenizar, malgrado essa obrigação não derive de condenação imposta por sentença.

Ademais, a vedação quanto à concessão da tutela provisória de urgência de ofício guarda respaldo no princípio da congruência, e a adoção desse princípio fora mantida pelo novo regramento processual civil, em seus arts. 2º, 141 e 492.[30]

Diante disso, e porque também se encara essa norma como aquela que pode trazer prejuízo aos demandantes, acreditamos, ainda, pela dependência de requerimento para que o magistrado esteja apto à concessão da tutela provisória de urgência.[31]

Vale dizer também que a norma do art. 302 é somente aplicável à tutela provisória da urgência, não tendo cabimento para a tutela da evidência, haja vista que não há previsão legal expressa a abarcar também essa possibilidade.[32]

O NCPC, em dispositivo a mencionar que a efetivação da tutela provisória far-se-á pelas regras do cumprimento provisório da sentença (art. 297, parágrafo único, do NCPC) não merece ser visto de forma isolada, sob pena de estendermos a responsabilização objetiva também à tutela provisória da evidência.

---

30 "Art. 2º O processo começa por iniciativa da parte e se desenvolve por impulso oficial, salvo as exceções previstas em lei"; "Art. 141. O juiz decidirá o mérito nos limites propostos pelas partes, sendo-lhe vedado conhecer de questões não suscitadas a cujo respeito a lei exige iniciativa da parte"; "Art. 492. É vedado ao juiz proferir decisão de natureza diversa da pedida, bem como condenar a parte em quantidade superior ou em objeto diverso do que lhe foi demandado. Parágrafo único. A decisão deve ser certa, ainda que resolva relação jurídica condicional".

31 De forma contrária: BEDAQUE, José Roberto dos Santos. *Tutela cautelar e tutela antecipada:* tutelas sumárias e de urgência (tentativa de sistematização). 3. ed. São Paulo: Malheiros, 2003. p. 380.

32 Há críticas: "E mais uma vez deve ser criticado o legislador por ter previsto tal regra nas disposições gerais da tutela de urgência e não nas disposições gerais da tutela provisória. Parece claro que uma tutela provisória da evidência possa gerar danos à parte adversa e, sendo revogada pela tutela definitiva ou por qualquer outra circunstância prevista em lei, o beneficiário da tutela deverá ressarcir os danos da parte adversa. Significa dizer que a equivocada opção do legislador não afasta a aplicação do art. 302 do Novo CPC da tutela provisória da evidência" (Amaral, *Comentários*, p. 403).

O art. 302 quando reserva as hipóteses de responsabilização objetiva, de forma expressa, as reserva à tutela provisória da urgência fazendo, portanto, com que a responsabilização quanto à tutela provisória da evidência seja subjetiva e, por isso, haja a necessidade de demonstração e configuração da culpa do beneficiário da tutela da evidência, como, por exemplo, quando afirma de forma falsa, adultera as provas etc.

Portanto, de acordo com o disposto no art. 302 do NCPC, o beneficiário da tutela provisória de urgência, nos casos delineados em lei, poderá ser responsabilizado pelos danos suportados pela parte adversa caso haja verificação, no caso concreto, das seguintes hipóteses: sentença desfavorável; obtenção da liminar da tutela em caráter antecedente e não fornecimento de meios necessários para a citação do requerido em 5 dias; cessação da eficácia em qualquer hipótese legal; prescrição e decadência.

Essa responsabilidade, assim como acontecia no CPC/1973, é objetiva, o que significa que basta restar configurado o dano e o cometimento do ato, fazendo da culpa requisito despiciendo para a sua configuração.

Para a aferição do dano e sua mensuração, dispõe o parágrafo único do art. 302 do NCPC que deverá aquele que suportou o prejuízo instaurar liquidação nos autos em que a medida tiver sido concedida, dispensando, portanto, o processo autônomo de liquidação.

Dessa forma, a liquidação não somente discutirá o acontecimento da causa legal apontada pelo prejudicado, bem como fará a medida do prejuízo sofrido, o *quantum debeatur*. Realizada a liquidação, esta será executada.

3.4.4. Audiência de justificação

Caso o requerente não disponha de provas documentais ao convencimento do magistrado quanto aos requisitos autorizadores da tutela provisória de urgência, poderá haver a designação de audiência de justificação para que ocorra a coleta dessa prova.

Referida audiência servirá de momento para a produção de prova tanto em requerimento de tutela provisória de urgência antecipada antecedente quanto se esta for incidental e sem a oitiva da outra parte.

Não nos parece que pretendeu o legislador estabelecer a audiência de justificação para a hipótese de o magistrado não se vir convencido das provas trazidas pelo requerente e, pretendendo ter mais segurança, designar a audiência de justificação.

Ao que tudo indica, essa audiência é ato processual que deve acontecer por vontade do autor do requerimento de tutela provisória, justamente porque não se pode valer de prova documental ou esta não seria suficiente, e não porque o magistrado não se vê convencido. Caso o magistrado não se convença da prova documental, deve indeferir.[33]

3.4.5 . Fungibilidade entre as tutelas de urgência

A fungibilidade, como instrumento de aproveitabilidade de um ato equivocado por outro, há muito e com vastidão é utilizado em nossos tribunais. Muito comum falar em fungibilidade entre recursos ou entre tutelas cautelares, visto que, como corolário da sistemática do aproveitamento do instrumento, se faz o recebimento de um ato como se outro ato fosse - aproveita-se o recurso de agravo de instrumento como se apelação fosse, ou o requerimento de sequestro como se cautelar de arresto -, fazendo valer não somente a maior dinamicidade dos atos processuais, bem como dando ao processo feição mais econômica, do ponto de vista financeiro e procedimental.

Valiosas são as palavras de Neves a fim de alicerçar nosso pensamento em momento peculiar que abre o precedente no Novo CPC: O legislador, ao elaborar o Novo Código de Processo Civil, perdeu uma excelente oportunidade de unificar o procedimento da tutela cautelar e da tutela antecipada. Apesar de uma nítida aproximação procedimental entre as duas espécies de tutela de urgência, há dois aspectos que as diferenciam: a estabilização e o processo cautelar autônomo na hipótese de indeferimento do pedido de tutela cautelar formulado de forma antecedente. Sendo pedida tutela de urgência de forma antecedente, é importante saber se ela é uma tutela antecipada ou cautelar por esses dois motivos. É provável que sejam essas as razões para que o legislador mantenha consagrado o princípio da

33 Neves argumenta diferente: "na hipótese de o juiz não estar plenamente convencido a respeito do pedido antecedente de tutela de urgência e acreditar que possa obter esclarecimento para a prolação de uma decisão com maior segurança por meio da oitiva de testemunhas do requerente da tutela, poderá, antes de analisar o pedido, determinar a realização de uma audiência prévia de justificação. É nesse sentido que deve ser interpretado o art. 300, § 2º do Novo CPC, ao prever que a tutela de urgência pode ser concedida liminarmente ou após justificação prévia" (NEVES, Daniel Amorim Assumpção. *Manual de direito processual civil* - volume único. 8. ed. Salvador: JusPodivm, 2016. p. 437).

fungibilidade das tutelas da urgência no parágrafo único do art. 305 do NCPC.[34]

Nessa mesma esteira, Didier Jr.:

> O CPC uniformiza os pressupostos necessários para concessão das tutelas de urgência e prevê um regime comum para sua concessão em caráter incidental. Institui, contudo, regimes diferenciados para a concessão das tutelas de urgência antecedentes: antecipada (satisfativa) e cautelar. (...) O legislador, ciente das dificuldades que podem surgir na diferenciação da tutela antecipada (satisfativa) e da tutela cautelar, foi cauteloso ao prever a fungibilidade dessas tutelas de urgência requeridas em caráter antecedente, exigindo a prévia e necessária adaptação procedimental. (...) Se o legislador admite essa fungibilidade progressiva (da cautelar para a satisfativa), deve-se admitir, por analogia, a *fungibilidade regressiva* da satisfativa para a cautelar (da mais para a menos agressiva e rigorosa). (...) Fica admitida, assim, uma *fungibilidade de mão dupla*, exigindo-se, contudo, que venha acompanhada da conversão do procedimento inadequado para aquele que é o adequado.[35]

De qualquer forma, ainda que venhamos a debater a possibilidade de fungibilidade entre as tutelas provisórias de urgência, forçoso ressaltar que o magistrado que assim pretenda proceder, antes mesmo de receber aquele ato, equivocado, como outro correto, deverá, em momento anterior, intimar a parte para que esta adéque o procedimento, ainda mais nos casos em que a tutela provisória de urgência é requerida de forma antecedente dada a possibilidade de estabilização da tutela antecipada.

No Novo CPC, feitas as pontuações *supra*, porque houve homogeneização acerca do requisito de *probabilidade* das tutelas de urgência, há, agora, que se falar em fungibilidade de mão dupla, ou seja, caso a parte faça requerimento pela tutela cautelar, quando o correto seria o de tutela antecipada, deverá o magistrado, adequando o pedido de urgência à tutela indicada, conceder aquele que melhor se adéqua ao caso concreto, e o contrário também deverá ocorrer, quando

34 NEVES, Daniel Amorim Assumpção. *Manual de direito processual civil*, cit., p. 438.

35 DIDIER JR., Fredie; BRAGA, Paula Sarno; OLIVEIRA, Rafael Alexandria de. *Curso de direito processual civil*: teoria da prova, direito probatório, ações probatórias, decisão, precedente, coisa julgada e antecipação dos efeitos da tutela. 10. ed. Salvador: JusPodivm, 2015. v. 2, p. 616.

a parte fizer requerimento antecipatório quando, na verdade, o mais adequado seria o cautelar.

A cognoscibilidade do magistrado para ambas as tutelas provisórias de urgência é dada agora sob o signo da probabilidade, o que possibilita a recepção mútua entre elas, diferentemente daquilo que acontecia no Código de Processo Civil revogado, em que somente era possível o recebimento e adequação da tutela cautelar caso aquilo aparentasse ao requerente ser o caso de tutela antecipada.

Por fim, não há que se falar em possibilidade entre as tutelas provisórias da urgência e da evidência, ainda que sob o signo da satisfatividade para algumas, eis que os requisitos a serem preenchidos para sua concessão são diferentes. Basta dizer que é prescindível à tutela da evidência o acontecimento do perigo, tão necessário à tutela da urgência.

3.5. Momento de concessão da tutela provisória de urgência

O Código de Processo Civil de 2015, de forma inédita, estipulou, em seu art. 303, que a tutela provisória de urgência antecipada poderá ser requerida em momento anterior à instrumentalização da demanda, servindo, ela própria, para a deflagração do processo.

Dessa forma, a tutela de urgência antecipada acompanha a tutela cautelar no sentido de poder ser requerida não somente de forma *incidental* ao processo, mas também de forma *antecedente.*

Em virtude dessas considerações, diversos são os momentos para o requerimento e a concessão das tutelas provisórias de urgência.

A tutela provisória de urgência antecedente – seja ela cautelar ou antecipada – deverá ser requerida inicialmente, *in limine litis*, em petição objetiva e concisa e esta servirá a instauração do procedimento que, no futuro, emendada ou aditada, receberá a formulação do pedido final e o pedido de tutela definitiva, mesmo que sua concessão se dê após a audiência de justificação prévia.

Portanto, a tutela provisória de urgência, sendo requerida de forma antecedente, é também requerida liminarmente, muito embora a decisão acerca da concessão ou não possa se dar após o estabelecimento do contraditório.

Em outras palavras, não há uma lógica necessária entre a forma do requerimento, que pode ser antecedente ou incidental, e a análise, que pode ou não ser liminar. O requerimento, pois, poderá ser antecedente, mas não ser liminar, uma vez que depende, por exemplo, de audiência de justificação, ou poderá ser o requerimento feito de forma antecedente, e sua análise e concessão ser liminar.

A tutela provisória de urgência incidental poderá ser requerida e concedida a qualquer tempo no processo, seja no início ou no final do procedimento.

3.5.1. Liminar

A tutela antecipada somente deverá ser prestada, salvo exceções, após apresentada resposta pelo demandado. Em outras palavras, o que se imagina, a princípio, é que a tutela somente poderia ser prestada nos casos em que a oitiva do réu possa trazer riscos quanto à eficácia do provimento jurisdicional ou probabilidade de perdimento do direito do requerente.

No entanto, a lei processual jamais poderá criar situações de obstáculo à concessão da tutela antes de ouvida a outra parte, haja vista a possibilidade de comprometer a efetividade da tutela antecipatória.[36] Desta feita, não há que se alegar prejuízo ao contraditório, mesmo porque este irá ocorrer, mas em momento outro, postergado, diferido.[37]

O Fórum Permanente de Processualistas Civis editou enunciado, de n. 30, nos seguintes termos: "O juiz deve justificar a postergação da análise liminar da tutela antecipada de urgência sempre que estabelecer a necessidade de contraditório prévio".

A decisão liminar é aquela conhecida como a que guarda seu momento de concessão *in limine litis*, no início do processo, sem que tenha ocorrido ainda a chamada da outra parte a fim de compor o processo. Dessa forma, como dito anteriormente, liminar é um conceito de tempo, e não um conceito que afetará a função ou a natureza

36 "O cidadão tem direito à adequada tutela jurisdicional (aí incluídas as liminares), como decorrência do princípio da inafastabilidade do controle jurisdicional. O direito à adequada tutela jurisdicional é princípio imanente a qualquer Estado de Direito. Suprimir o direito constitucional à liminar, *v.g.*, é o mesmo que legitimar a autotutela privada" (MARINONI, Luiz Guilherme. *Efetividade do processo e tutela de urgência*, p. 68).

37 Nelson Nery Jr. já advertia: "não é a cautelaridade ou satisfatividade do provimento jurisdicional que dá a tônica de respeito ou desrespeito ao princípio da bilateralidade da audiência (...) O cerne da questão se encontra na manutenção da provisoriedade da medida, circunstância que derruba, ao nosso ver, a alegada inconstitucionalidade das liminares concedidas sem a ouvida da parte contrária" (NERY JR., Nelson. *Princípios do Processo Civil na Constituição Federal*, p. 136).

da tutela provisória, ou, ainda, criará uma terceira espécie de tutela provisória de urgência.

> Como no sentido comum dos dicionários leigos, liminar é aquilo que se situa no início, na porta, no limiar. Em linguagem processual, a palavra designa o provimento judicial emitido *in limine litis*, no momento mesmo em que o processo se instaura. A identificação da categoria não se faz pelo conteúdo, função ou natureza, mas somente pelo momento da provação. Nada importa se a manifestação judicial expressa juízo de conhecimento, executório ou cautelar; também não releva indagar se diz ou não com o *meritum causae* nem se contém alguma forma de antecipação de tutela. O critério é exclusivamente topológico. Rigorosamente, liminar é só o provimento que se emite *inaudita autera parte*, antes de qualquer manifestação do demandado e até mesmo antes de sua citação.[38]

Sendo assim, o novo Código de Processo Civil, acabando com teorias das mais diversas, e relativo dissenso doutrinário, adota essa linha de classificação, ao passo que faz menção em diversas passagens durante seu corpo de disposições.[39]

No Código revogado somente se fazia essa distinção quando se tratava da improcedência liminar do pedido, no art. 285-A, CPC/73, e de manutenção no novel Código no art. 332.

Além disso, caso pareça ao magistrado que, no caso concreto, muito embora tenha havido alegação por parte do requerente quanto à urgência, há a necessidade de chamada do requerido para que então se estabeleça contraditório prévio. Vale pontuar que a decisão que determina a vinda do demandado ao processo importa em indeferimento da tutela de urgência em caráter liminar, o que faz essa decisão interlocutória de *citação* ser desafiada por agravo de instrumento.

A audiência de justificação a que faz menção o art. 300, § 2º, do NCPC, é momento unilateral de produção de prova, por parte do requerente da tutela provisória de urgência, o que importa em não haver a citação do réu para esse ato, visto que, até então, com as provas documentais de que dispõe – ou não dispõe –, não lhe fora possível

38 FABRÍCIO, Adroaldo Furtado. Breves notas sobre provimentos antecipatórios, cautelares e liminares. In: BARBOSA MOREIRA, José Carlos (coord.). *Estudos de direito processual em memória de Luiz Machado Guimarães.* Rio de Janeiro: Forense, 1999. p. 25.

39 Assim, podemos mencionar os arts. 239, 300, § 2º, 302, II, e 311, parágrafo único, todos do CPC/2015.

convencer o magistrado quanto aos requisitos positivos para a concessão da tutela provisória.[40]

No CPC de 2015 a concessão liminar de tutela provisória terá cabimento nas tutelas de urgência, pelo que prevê o art. 300, § 2º, e na tutela de evidência, em duas hipóteses, nos incisos II e III do art. 311.

3.5.2. Quando do provimento final de primeiro grau

Há possibilidade de os pressupostos da tutela provisória acontecerem quando da elaboração da sentença. Se assim for, se estaria diante de cognição exauriente, e não sumária, sem que isso descaracterize a provisoriedade da decisão.

No entanto, merece aqui uma ressalva.

Nossa sistemática geral é a de que o recurso a ser interposto contra sentença - apelação - seja recebido nos efeitos devolutivo e suspensivo, por força do que dispõe o art. 1.009 c.c. art. 1.012 do NCPC, o que impede a execução provisória das sentenças.[41] Dessa forma, caso haja a concessão da tutela provisória, esta sentença, que tende a confirmar a tutela provisória, tem sua plena eficácia, pelo que dispõe o art. 1.012, V, do NCPC.[42]

Assim também acontecerá com aquelas sentenças que confirmam a tutela provisória quando sua razão de eficácia estaria subordinada ao reexame necessário.

3.5.3. Quando em grau recursal

É possível também que os requisitos autorizadores para a concessão da tutela provisória aconteçam em momento posterior à sentença, em grau recursal.

---

40 Conforme dispõe Cássio Scarpinella Bueno: "A 'justificação prévia' referida pela parte final do § 2º do art. 300 merece ser compreendida como a designação de audiência para que o requerente da tutela provisória produza prova (notadamente, embora não necessariamente, a oral) relativa à presença dos requisitos autorizadores. Aqui também, justamente por se tratar de tutela provisória fundamentada em urgência, é legítima a postergação da citação do réu, ainda que o caso seja de designação da referida audiência" (BUENO, Cássio Scarpinella. *Manual de direito processual civil*, cit.).

41 "Art. 1.009. Da sentença cabe apelação"; "Art. 1.012. A apelação terá efeito suspensivo".

42 "Art. 1.012. A apelação terá efeito suspensivo. § 1º Além de outras hipóteses previstas em lei, começa a produzir efeitos imediatamente após a sua publicação a sentença que: (...) V - confirma, concede ou revoga tutela provisória".

Pelo que dispõe o NCPC, esse requerimento incidental deverá ser dirigido diretamente ao Tribunal, especificamente ao julgador a conhecer do recurso, para que este conheça da tutela provisória, concedendo ou negando-a, eis que o juízo *a quo* haveria encerrado o exercício de sua jurisdição.

Esse requerimento poderá ser feito por simples petição intercorrente, nos ditames dos arts. 995 e 1.012, § 4º, do NCPC, da seguinte forma: será encaminhada ao Tribunal, no período compreendido entre a interposição do recurso e a chegada deste ao Tribunal; e ao relator, caso haja um relator escolhido para o julgamento do recurso interposto.

Caso os requisitos estejam presentes, haverá a concessão da tutela provisória e, por isso, imediata produção de efeitos da decisão.

3.6 . Duração da tutela provisória e sua eficácia temporal

Muito embora, como anteriormente discutido, a tutela seja provisória, esta conserva sua eficácia durante um período de tempo, enquanto há o desenvolvimento do processo, mesmo em hipóteses de sua suspensão.

Além disso, e por conta de sua característica, a *provisoriedade*, a tutela provisória pode ser revogada, modificada ou invalidada a qualquer tempo, desde que fundamentada e em maior aprofundamento de cognição por parte do magistrado.

Ainda que a tutela provisória estabilize-se, como aquela do art. 304 do NCPC, e seus efeitos sejam protraídos no tempo, sua característica quanto à provisoriedade não sofre quaisquer alterações.

Tanto é assim, que permanece incólume sua característica quanto à provisoriedade, que fora necessário ao legislador criar-lhe regime próprio, o da *estabilização*, pois, caso não fosse diferente, certamente seriam suficientes ao balizamento todas as regras genéricas quanto ao acontecimento da coisa julgada.

A duração dos efeitos da tutela provisória de urgência antecipada no formato antecedente será tratada em capítulo próprio, mais adiante. Neste momento era preciso fixar as linhas gerais de discussão.

Além disso, a tutela provisória não se vê limitada ao trânsito em julgado da decisão que resolve o mérito, seja pela procedência, seja pela improcedência.

A tutela cautelar, por exemplo, de arresto, quando obtida "com base em sentença condenatória ilíquida" (art. 814, parágrafo único,

CPC), não se transforma automaticamente em penhora, com o simples trânsito em julgado da decisão de mérito. Encerrado o processo, terá o vencedor de propor outra ação – a de liquidação – e, mesmo depois de liquidada a condenação, ainda terá de ajuizar a ação de execução; e só depois da citação do executado é que será possível a conversão do arresto em penhora.[43]

E completa Ovídio Baptista da Silva:

> não se leva em consideração a circunstância de que a revogação prematura do provimento liminar, ou mesmo da medida cautelar concedida em sentença final cautelar, deixará o direito litigioso sem qualquer proteção assecurativa durante a tramitação dos recursos, em muitos casos extremamente demorada, de tal modo que a reforma da sentença, nos graus superiores de jurisdição, poderia deparar-se com uma situação de prejuízo irremediável ao direito somente agora reconhecido em grau de recurso. Para que situações desta espécie sejam evitadas, recomenda-se que o magistrado – sensível às circunstâncias especiais do caso concreto – disponha, em sua sentença contrária à parte que obtivera a provisional, que esta medida liminar, não obstante a natureza do julgamento posterior divergente, conserve-se eficaz até o trânsito em julgado da sentença a ser proferida no juízo do recurso.[44]

Em outras palavras, haveria a possibilidade de manter os efeitos da tutela provisória ainda que alguns de seus requisitos, *in casu*, a probabilidade, não mais sejam hipótese, sem que isso possa parecer uma contradição em si mesma, uma vez que a declaração, em cognição exauriente, mas não definitiva, da inexistência do direito, por si só, não teria afastado o receio de dano.

Bem pontua Marinoni:

> Imagina-se a hipótese em que alguém, com base no direito à honra, requer e obtém tutela que ordena a uma rede de televisão a não veiculação de um determinado programa. A revogação da tutela, tornando possível a veiculação do programa, tornaria completamente desnecessário o julgamento do recurso, ao menos para o que objeti-

43 THEODORO JR., Humberto. *Comentários ao Código de Processo Civil*, v. 5, p. 146.

44 SILVA, Ovídio Baptista da. *Curso de processo civil*, v. 3, p. 124.

vava o autor: a tutela inibitória (e não reparação) do seu direito da personalidade.[45]

Reforça, ainda, a possibilidade da tese acima aventada aquilo que dispõe o art. 302 do NCPC, que é inédito, ao menos como previsão legal, acerca das tutelas antecipadas, quanto à sistemática de responsabilização processual civil objetiva em reparar o prejuízo que eventualmente a concessão da tutela provisória de urgência antecipada proporcionar.

3.7. Os pronunciamentos decisórios do juiz

Pelo que dispõe o art. 203 do NCPC, os pronunciamentos do juiz consistirão em sentenças, decisões interlocutórias e despachos. Quando mencionamos sentença, leia-se também de forma geral, pois sentença é gênero.

Decisão interlocutória é todo pronunciamento judicial de natureza decisória que fuja ao conceito daquilo que é sentença – ou, melhor dizendo, é pronunciamento judicial com conteúdo decisório que não põe fim a procedimento em primeira instância –, enquanto esta deve ser entendida como pronunciamento jurisdicional por meio do qual, com fundamento nos arts. 485 ou 487 do NCPC, põe fim à fase cognitiva do procedimento.

Quando mencionado no início deste capítulo *decisões judiciais*, pretendeu-se cuidar do gênero, independentemente da espécie de decisão judicial.

A sistematização dos pronunciamentos decisórios do juiz tem serventia, uma vez que o que se busca é dar maior organicidade à sistemática recursal, tanto é verdade que o legislador preocupa-se em delinear os tipos de pronunciamento do magistrado, nos arts. 203 e 204 do NCPC.[46]

---

45 MARINONI, Luiz Guilherme. *Antecipação da tutela*, cit., p. 166.

46 "Art. 203. Os pronunciamentos do juiz consistirão em sentenças, decisões interlocutórias e despachos. § 1º Ressalvadas as disposições expressas dos procedimentos especiais, sentença é o pronunciamento por meio do qual o juiz, com fundamento nos arts. 485 e 487, põe fim à fase cognitiva do procedimento comum, bem como extingue a execução. § 2º Decisão interlocutória é todo pronunciamento judicial de natureza decisória que não se enquadre no § 1º. § 3º São despachos todos os demais pronunciamentos do juiz praticados no processo, de ofício ou a requerimento da parte. § 4º Os atos meramente ordinatórios, como a juntada e a vista obrigatória, independem de despacho, devendo ser praticados de ofício pelo

3.7.1. Dever de motivação das decisões judiciais

O princípio da motivação tem previsão expressa na Constituição, em seu art. 93, IX. Quando a Carta Magna prevê a necessidade e o dever de *fundamentação*, esse alcance não deve ser simplório. Há cogência em que o magistrado não somente fundamente, como também justifique a decisão proferida levando em conta o adequado direito a ser aplicado e as peculiaridades do caso concreto.[47]

Decisão clara e precisa quanto às suas razões não somente atende o preceito fundamental de motivação das decisões, mas, mais ainda, permite, agora por parte do jurisdicionado, que este possa livremente exercer o controle jurídico e político das decisões, como também o faça a sociedade, ao passo que aferem a razão de o julgador ter decidido desta ou daquela maneira no caso *sub examine.*

O art. 11 do CPC/2015, corolário do art. 93, IX, da CF, refere-se à publicidade e à fundamentação, nos seguintes termos: "todos os julgamentos dos órgãos do Poder Judiciário serão públicos, e fundamentadas todas as decisões, sob pena de nulidade".

Adiante, o CPC/2015, em seu art. 489, § 1º, indica as situações em que as decisões não estarão adequadamente fundamentadas, o que servirá ao nosso trabalho não somente como premissa de identificação da decisão, mas também de avaliação quanto à sua qualidade, pois é fundamental delimitar de forma exata as diretrizes da decisão

servidor e revistos pelo juiz quando necessário. Art. 204. Acórdão é o julgamento colegiado proferido pelos tribunais".

47 Vale um apontamento de Neves, com o qual concordamos *in totum*: "Inicialmente ressalto que não compartilho de lição doutrinária que busca distinguir motivação de fundamentação, com a alegação de que na motivação bastaria ao juiz explicar o que pessoalmente acha sobre o Direito, enquanto na fundamentação caberá ao julgador explicar por que razões aceita ou rejeita determinada interpretação e compreensão do Direito estabelecida pelo cidadão. Motivar e fundamentar significam exteriorizar as razões do decidir, e nessa tarefa obviamente as opiniões pessoais do juiz são irrelevantes, devendo o magistrado aplicar ao caso concreto o Direito, e não concretizar suas aspirações pessoais. Ocorre, entretanto, que, por mais exigências que se criem para modelar a fundamentação – ou motivação – do juiz em suas decisões, nunca se afastará o caráter pessoal de sua decisão, salvo na aplicação dos julgamentos dos tribunais com eficácia vinculante. E mesmo aqui se não for o caso de superação do entendimento ou distinção do caso. Por mais requisitos que a lei crie para condicionar o juiz à vontade do Direito ao fundamentar sua decisão e não à sua vontade pessoal, o elemento humano na interpretação do Direito nunca poderá ser afastado das decisões" (NEVES, Daniel Amorim Assumpção. *Manual de direito processual civil*, 8. ed., cit., p. 124).

que se pretende estável a fim de debater sobre ela em ação vindoura, nos moldes do que prevê o § 2º do art. 304 do CPC/2015.

Muito embora o § 1º do art. 489 dite o balizamento das decisões, é inalcançável o anseio legislativo em fazer do julgador sujeito absolutamente condicionado e, com isso, afastar o elemento humano da interpretação do direito. Decidir é ato de criação solitário do juiz, muito embora inegável que, neste novo modelo legislativo, esteja ele submetido a maior controle quanto à constitucionalidade, mas ingênuo seria acreditar que o mencionado artigo retiraria das decisões, por completo, quaisquer características pessoais e, com isso, se alcançaria a plenitude em julgados isentos e desgarrados de sentimentos e convicções íntimas, fazendo do diálogo uma equação matemática.

A decisão que nega, modifica ou revoga a tutela provisória, por certo, também deverá ser fundamentada, nos moldes do que prevê o art. 298 do NCPC, justificando o magistrado, de modo claro e preciso, suas razões de convencimento. Além disso, como se verá adiante, o magistrado do *novel* diploma deverá, inclusive, elaborar o relatório dessa decisão que, de forma interlocutória, analisa o requerimento quanto à tutela provisória.

O fenômeno de atuação dos enunciados normativos no plano social comporta três momentos distintos: (i) o da formação abstrata dos preceitos normativos; (ii) o da definição da norma para o caso concreto; (iii) o da execução da norma individualizada.[48]

Antes mesmo de adentrar na necessidade constitucional em fundamentar as decisões, há o dever de pontuar os elementos da decisão judicial, ou, de forma mais simples, a estrutura das decisões. Pelo que dispõe o art. 489 do NCPC, são eles: relatório, fundamentação e dispositivo.

3.7.2. Elementos das decisões judiciais: relatório

Há necessidade a ser perseguida quase que na totalidade dos pronunciamentos judiciais[49] no que pertine ao magistrado relatar aquilo que de maior relevância houve em desdobramento daquela causa. Essa exigência deve ser observada em todos os pronunciamen-

48 DIDIER JR., Fredie; BRAGA, Paula Sarno; OLIVEIRA, Rafael Alexandria de. *Curso de direito processual civil*, cit.

49 Nos Juizados Especiais essa tarefa está dispensada – art. 38 da Lei 9.099/1995.

tos judiciais e o que se busca é, na verdade, demonstração, ainda que hipotética, de que o julgador efetivamente conhece aquilo em que se debruça para resolver.

Diferentemente do que fazia o CPC/1973, em seu art. 165, em que se exigia o relatório apenas em sentenças e acórdãos – por isso o menosprezo ao relatório do vetusto CPC –, o novel Código não faz esse tipo de restrição, o que nos leva a crer que é elemento a se fazer presente em todos os pronunciamentos judiciais de cunho decisório.

Se se imaginar, ainda, que esse Novo Código de Processo Civil é marcado fortemente pelo respeito aos precedentes, não há possibilidade de identificação da causa, e, com isso, os fatos relevantes, sem o bem elaborado relatório. E isso se dá por uma razão óbvia: não é possível fazer a aplicabilidade deste ou daquele precedente, ou ainda pretender as hipóteses de distinção ou superação sem se conhecer o que gera o precedente.

Para isso, deve o relatório cuidadoso conter, ao menos, a indicação do nome das partes, a causa de pedir e o pedido que instruem a petição inicial, o recebimento desta, os acontecimentos havidos em audiência de conciliação e mediação, a suma da tese defensiva, as providências preliminares, eventual apresentação de réplica e a juntada de novos documentos, a promoção do Ministério Público ou a intervenção de terceiros e sua justificativa, os acontecimentos e os debates produzidos em audiência de instrução, as provas requeridas, (in)deferidas, as alegações finais e qualquer outro ato que repute o magistrado como relevante.

3.7.3. Elementos das decisões judiciais: fundamentação

A justiça de uma decisão não depende apenas de ela finalizar um processo que transcorreu de modo correto, com respeito a todas as garantias processuais e mediante interpretação e aplicação do direito. Tudo isso é necessário, mas não suficiente para determinar a justiça da decisão. Afinal, nenhuma decisão pode ser considerada justa se, a despeito de tudo isso, estiver baseada numa reconstrução falsa, não verdadeira, dos fatos discutidos no processo.[50]

Trata-se da verdade real, suprema, o que, hodiernamente, vê-se ultrapassado. A verdade, agora, merece contextualização e faz parte de um determinado contexto, por isso, diz-se que o que se busca no

50 TARUFFO, Michele. Veritá e probabilitá nella prova dei fatti. *Revista de Processo*, São Paulo: RT, v. 154, dez. 2007.

processo é a verdade *possível*, sendo aquela a propiciar ao juiz elementos de convicção a uma decisão justa, por isso o dever do magistrado em fundamentar seus pronunciamentos decisórios.

Para que o Estado-juiz possa interferir na esfera jurídica do jurisdicionado, e essa interferência possa ser justa e devida, é necessário que haja motivação justificada.[51]

Em nosso sistema jurídico a garantia individual quanto à necessidade de fundamentação é preceito constitucional disposto no art. 93, IX, da CRFB e, caso assim não aconteça, prescreve padecer de nulidade a decisão sem motivação.[52]

Ainda que a Constituição não guardasse norma legal expressa, o dever em fundamentar é corolário mínimo do *devido processo legal substancial.*

Os destinatários da decisão, particularmente da motivação, não seriam tão somente as partes, seus advogados ou os juízes, mas também a sociedade. Nesse aspecto, há um tipo de controle político particular a produzir efeito às partes envolvidas no processo, mas há também um espelho de comportamento à sociedade, o que deve refletir, sem dúvida, previsibilidade, segurança jurídica e isonomia das decisões.

Primeiramente, fala-se numa *função endoprocessual*, segundo a qual a fundamentação permite que as partes, conhecendo as razões que formaram o convencimento do magistrado, possam saber se foi feita uma análise apurada da causa, a fim de controlar a decisão por meio dos recursos cabíveis, bem como para que os juízes de hierarquia superior tenham subsídios para reformar ou manter essa decisão. Fala-se ainda numa *função exoprocessual* ou *extraprocessual*, pela qual a fundamentação viabiliza o controle da decisão do magistrado pela via difusa da democracia participativa, exercida pelo povo em cujo nome a sentença é pronunciada. Não se pode esquecer que o magistrado exerce parcela de poder que lhe é atribuído (o poder jurisdicional), mas que pertence, por força do parágrafo único do art. 1º da Constituição Federal, ao povo.[53]

51 "El estado de Derecho no esta autorizado a interferir em nuestra esfera personal sin justificar su interferência" (BARBOSA MOREIRA, José Carlos. A motivação das decisões judiciais como garantia inerente ao Estado de Direito. *Temas de direito processual civil* – 2ª série. 2. ed. São Paulo: Saraiva, 1988. p. 88).

52 Nessa mesma esteira propõe Nelson Nery Jr. (*Princípios do processo civil na Constituição Federal*, cit.).

53 DIDIER JR., Fredie; BRAGA, Paula Sarno; OLIVEIRA, Rafael Alexandria de. *Curso de direito processual civil*, cit., p. 315.

Sob o ponto de vista político, a motivação se presta a demonstrar correção, imparcialidade e lisura do julgador ao proferir a decisão judicial, funcionando o princípio como forma de legitimar politicamente a decisão judicial. Permite um controle da atividade do juiz não só do ponto de vista jurídico, feito pelas partes no processo, mas de uma forma muito mais ampla, uma vez que permite o controle da decisão por toda a coletividade.[54]

Em última análise, o reflexo da fundamentação da decisão servirá à formação dos precedentes, eis que dirigida à coletividade.

> I destinatari dela motivazione no siano soltanto le parti, i loro avvocati e il giudice dell'impugnazione, ma enche l'opinione pubblica intesa sai nel suo complesso, sai come opinione del *quisque de populo.* La connotazione política di questo spostamento di prospettiva è evidente: l'ottica 'privatistica' del controlo esercitato dalle parti e l'ottica 'burocratica' del controlo esercitato dal giudice superiore vanno integrate nell'otica 'democratica' del controlo che deve poter essere esercitato da quello stesso popolo nel cui nome la sentenza viene pronunciata.[55]

O controle quanto às decisões judiciais da atividade do juiz se dá, por certo, na fundamentação. É na exposição de motivos que o magistrado resolverá as questões fundamentais, as incidentais e as prejudiciais, em outras palavras, é nesse momento que o juiz resolverá todas as questões fáticas e todas as circunstâncias jurídicas postas a deslinde.[56]

O novo Código de Processo Civil, em seu art. 489, § 1º, impõe ao magistrado uma sistematização a ser perseguida e estabelecida por ele no momento de elaboração de suas decisões, fazendo com que não somente seu discurso seja racional,[57] como também sujeito ao controle por parte do jurisdicionado.

Inicialmente, deve o magistrado apreciar as questões processuais suscitadas pelas partes ou cognoscíveis de ofício (respeitado o

---

54 CINTRA, Antonio Carlos Araujo; GRINOVER, Ada Pellegrini; DINAMARCO, Cândido Rangel. *Teoria geral do processo*, n. 27, p. 74.

55 TARUFFO, Michele. *La motivazione dela sentenza civile.* Padova: CEDAM, 1975. p. 407.

56 Apenas a título de lembrança, vale dizer o que o NCPC, no § 1º do art. 503, traz a possibilidade de que as questões incidentais possam sobre elas produzir os efeitos da coisa julgada. Muito embora a técnica seja nova, o intento não é novidade, pois o vetusto CPC, em seu art. 325, previa a hipótese da Ação Declaratória Incidental.

57 Didier Jr. já mencionava essa necessidade.

disposto no art. 10 do NCPC) e que eventualmente não tenham sido resolvidas em momento anterior. Se houver qualquer vício formal que impeça a análise do mérito, e desde que não se possa sanar esse vício, caberá ao juiz decretar a inadmissibilidade do procedimento – caso em que,

> se nada puder ser aproveitado, isso ensejará, como regra, a extinção do processo sem exame do mérito. (...) é preciso lembrar que o magistrado tem o dever de examinar o mérito da causa, só não o fazendo quando houver obstáculo intransponível. (...) Não havendo questões processuais a resolver, ou tendo apreciado e rejeitado aquelas que se apresentaram, deve o magistrado passar à análise do mérito, que, assim como as questões de admissibilidade, podem ser questões de fato ou de direito.[58]

Muito embora, como dito anteriormente, a necessidade de fundamentação existisse em nosso sistema processual como garantia constitucional, fez bem o legislador infraconstitucional no CPC/2015 ao estabelecer, a contrário senso, quando uma decisão é imotivada, o que será tratado adiante.

3.7.3.1. Decisões não fundamentadas: seus aspectos particulares

a) Decisão que se limitar à indicação, à reprodução ou à paráfrase de ato normativo, sem explicar sua relação com a causa ou a questão decidida

Pelo que prevê o inciso I do § 1º do art. 489 do NCPC, para que a decisão possa ser considerada válida, haverá a necessidade de interpretação direta, racional e singularizada, impondo o diálogo do magistrado com as causas de pedir, o pedido e as teses esposadas pela defesa, jamais podendo o juiz simplesmente repetir o dispositivo legal, o princípio, ou, ainda que o conceitue, não explicar quanto a sua aplicabilidade.[59]

---

58 DIDIER JR., Fredie; BRAGA, Paula Sarno; OLIVEIRA, Rafael Alexandria de. *Curso de direito processual civil*, cit., p. 319-320.

59 "Não podemos mais tolerar as simulações de fundamentação nas quais o juiz repete o texto normativo ou a ementa do julgado que lhe pareceu adequado ou preferível, sem justificar a escolha" (THEODORO JR., Humberto; NUNES, Dierle; BAHIA, Alexandre Melo Franco; PEDRON, Flávio Quinaud. *Novo CPC:* fundamentos e sistematização. Rio de Janeiro: Forense, p. 262).

Isso pode parecer simples, mas não o é. Se o dispositivo a incidir no caso concreto é um regramento específico à matéria posta, a justificativa à decisão tende a ser facilitada, pois a persuasão é menos trabalhosa no sentido de se extrair da expressão um sentido. No entanto, se a regra a ser aplicada é, na verdade, um princípio, por exemplo, a justificativa, bem como as razões e o modo de aplicabilidade e o grau de intensidade de sua utilização são tarefas mais árduas e imprimirão no magistrado ritmo extenuante em argumentação.

A ausência de fundamentação, ou, ainda, caso a fundamentação não respeite os parâmetros delineados no § 1º do art. 489 do NCPC, dando ensejo à fundamentação insuficiente, sem respaldo lógico/racional, implicará a nulidade da decisão, o que significa que, muito embora existente, seja inválida, logo, não produz efeitos.

Tanto é assim que o legislador imaginou, para essas hipóteses de desafio, o recurso de embargos de declaração, com previsão legal expressa no art. 1.022, parágrafo único, II, do NCPC.

b) Decisão que emprega conceitos jurídicos indeterminados, sem explicar o motivo concreto de sua incidência no caso

Aqui se cinge a discussão que há muito acontece acerca da necessidade de subsunção do fato à norma.

Nosso legislador, e não poderia ser diferente, por vezes se utiliza de termos jurídicos vagos como *tempo razoável, repercussão geral, ordem pública, interesse público*, sem, no entanto, defini-los com precisão, o que também se mostra como tarefa inalcançável, a princípio.

A definição desses termos e sua singularização caberão ao magistrado quando da apreciação do caso concreto.

Quando o legislador se vale de normas abertas, ou cláusulas gerais – indeterminação do texto normativo com a hipótese fática composta por termos vagos e o efeito jurídico indeterminado, como o *devido processo legal*, por exemplo –, o que pretende fazer é dar maior flexibilidade e alcance para que as situações fáticas possam ser amoldadas àqueles enunciados. Essa modelagem é que deverá ficar a cargo do magistrado.[60]

---

60 "A norma costuma ser composta de duas partes: a situação fática e o efeito jurídico. Normas fechadas são aquelas em que essas duas partes já estão definidas pelo legislador, cabendo ao juiz apenas identificar a situação fática descrita na norma e aplicar seus efeitos jurídicos ao caso concreto. Um exemplo dentre milhares: o art. 1.007, § 3º do Novo CPC, prevê ser dispensado o recolhimento do porte de remessa e retorno (efeito jurídico), se o processo estiver materializado em autos

Um bom exemplo é a expressão "meios de comunicação idôneos". Norma que contenha essa expressão já disse respeito ao telegrama, ao telex, ao fax; hoje significa facebook, e-mail etc.[61]

As cláusulas gerais, em especial, impõem desafio cognitivo e interpretativo mais intenso ao magistrado, exigindo criatividade mais aguçada.[62]

Dessa forma, portanto, quando da necessidade de aplicabilidade de norma de conceito amplo e aberto, deverá o magistrado fundamentar de modo ainda mais cuidadoso, interpretando e aplicando o direito de forma individualizada, fazendo acontecer aquilo que se chama de decisão determinativa.[63]

c) Decisão que invoca motivos que se prestariam a justificar qualquer outra decisão

Sem dúvida, este dispositivo legal vem com o intuito de acabar com o vilipêndio cometido por magistrados que parecem ver na fundamentação de suas decisões ato meramente formal, quando, na verdade, a substância de suas decisões está toda neste momento.

Em outras palavras, aquilo que era comum conter em decisão interlocutória: "*perfeitos os requisitos do art. 273 do CPC, defiro a tutela antecipada*", tende a não mais acontecer, pois afrontaria diretamente preceito legal, e a decisão, dessa forma, seria considerada não fundamentada. Esse tipo de decisão sequer dá ao jurisdicionado o mínimo

eletrônicos (situação fática). Não é desse tipo de norma que cuida o art. 489, § 1º, II do Novo CPC. Quando o legislador fixa no conteúdo da norma a situação fática mas deixa a consequência jurídica em aberto, para ser definida pelo juiz no caso concreto, tem-se o conceito jurídico indeterminado. São exemplos o preço vil da arrematação, o caráter manifestamente protelatório na interposição de recursos, o perigo de dano exigido para a concessão de tutela de urgência, a repercussão geral para admissão do recurso extraordinário, a grande repercussão social para a admissão do incidente de assunção de competência, a relevância da matéria para admissão do *amicus curiae* no processo etc." (NEVES, Daniel Amorim Assumpção. *Manual de direito processual civil*, 8. ed., cit., p. 127).

61 WAMBIER, Teresa Arruda Alvim. *Embargos de declaração e omissão do juiz*, p. 278.

62 MAZZEI, Rodrigo. O Código Civil de 2002 e o Judiciário: apontamentos na aplicação das cláusulas gerais. In: DIDIER JR., Fredie; MAZZEI, Rodrigo (org.). *Reflexos do Novo Código Civil no direito processual*. Salvador: JusPodivm, 2006. p. 34; DIDIER JR., Fredie. Cláusulas gerais processuais. *Revista de Processo*, São Paulo, n. 187, 2010, p. 73.

63 ARAGÃO, Paulo Cezar. Reflexões sobre as sentenças determinativas. *Revista de Processo*, São Paulo, n. 2, 1976, p. 159.

de certeza acerca de o juiz ter efetivamente tomado conhecimento de suas razões e de seu pedido.

A determinação do Código parece óbvia, e é. O juiz terá que, necessariamente, explicar aquilo que lhe fez convencer estarem presentes ou ausentes os requisitos, os pressupostos, porque a prova tem robustez, porque o conteúdo probatório o convence.

Essa postura faz com que o magistrado busque a verdade – lembrando, como mencionado, não a verdade real, suprema, mas a possível, dentro de um contexto fático e temporal –, se embrenhando em definitivo nos autos do processo, em vez de continuar na posição afastada que sempre teve em conceituar ou mencionar dispositivos, sem mostrar as razões de seu convencimento.[64]

d) Decisão que não enfrenta todos os argumentos deduzidos no processo capazes de, em tese, infirmar a conclusão adotada pelo julgador

É rotina na *práxis* forense a máxima de que o juiz não estaria obrigado a manifestar-se acerca de tudo o que foi alegado pelas partes quando já houver motivos suficientes a fundamentar sua decisão. Isso se dá, muito embora seja mal aplicado, quando existem ao menos dois fundamentos a sustentar um pedido e, para o seu acolhimento ou para o seu não acolhimento, o juiz analisa aquilo que é suficiente à decisão. Assim fazendo, não haveria motivo para analisar os outros fundamentos.

Sendo assim, o que sempre ocorreu foi que, pretendendo acolher o pedido do autor, o magistrado não precisava concordar com o contexto jurídico ofertado pelo demandante, somente havendo necessidade de analisar todas as teses defensivas esposadas pelo réu.

Ao contrário, para negar, o magistrado não teria tanto cuidado assim com os argumentos defensivos, mas deveria refutar, ponto a ponto, aquilo que pretendia o autor.

O que acontece é que esse ritmo de julgamento fora sendo amoldado ao conforto das decisões no sentido de que haveria, inclusive,

64 "Estamos todos acostumados, entretanto, neste nosso País, que não cobra responsabilidade de ninguém, a certos modos de dizer de magistrados levianos que fundamentam seus julgados com expressões criminosas como estas: 'atendendo a quanto nos autos está fartamente provado', 'considerando a robusta prova dos autos', 'atendendo ao que disseram as testemunhas' e outras leviandades dessa natureza, que, se fôssemos apurar devidamente, seriam, antes de leviandades, demonstrações flagrantes de arbítrio e de desprezo à exigência constitucional de fundamentação dos julgados, uma bofetada na cada dos 'cidadãos de faz de conta' que somos quase todos nós" (CALMON DE PASSOS, J. J. *Comentários ao Código de Processo Civil.* 9. ed. Rio de Janeiro: Forense, 2005. v. 3, p. 39-40).

a desnecessidade em se analisar as alegações do requerente mesmo nas hipóteses em que sua argumentação fora rechaçada, o que faz soterrar garantias da ampla defesa e do contraditório.

Ao que parece, esse dispositivo legal traz à baila a discussão acerca daquilo que é *fundamentação suficiente* e *fundamentação exauriente.* Nesta, o juiz tem como dever dialogar com todas as afirmações das partes, enquanto que naquela basta que enfrente o que, por si só, sustentaria o pedido ou a tese defensiva a ele.

No Novo CPC não será suficiente ao juiz enfrentar as causas de pedir do demandante e as teses de defesa. Haverá a necessidade de enfrentamento de todos os argumentos que servem de suporte ao demandante e ao demandado. É, sem dúvida, trabalho mais particular, artesanal, ainda que haja, para alguns,[65] uma brecha quando o próprio código menciona "argumentos em tese aptos a infirmar o convencimento judicial.[66]

Embora a Constituição diga que a parte tem o direito de provocar a atividade jurisdicional (art. 5º, XXXV), e embora a Constituição garanta à parte as possibilidades de defesa e de influência (art. 5º, LV), o Judiciário diz que não tem a obrigação de emitir um juízo de valor sobre todos os argumentos.[67]

Em outras palavras, não existe prestação jurisdicional efetiva, segura e aperfeiçoada se não forem examinados todos os argumentos deduzidos pelas partes, impedindo, ainda, quem sabe, que as partes consigam elaborar discussão apropriada em outras instâncias, visto que, como não lhes fora entregue conteúdo decisório elaborado, impossível seria a contra-argumentação sobre ele.

Se a decisão não analisa os fundamentos da tese vencida, nestes moldes, portanto, será invalidada por padecer de vício quanto à fundamentação, uma vez que contraria preceitos constitucionais processuais fundamentais do contraditório e da fundamentação.

e) Decisão que se limita a invocar precedente ou enunciado de súmula, sem identificar seus fundamentos determinantes nem demonstrar que o caso sob julgamento se ajusta àqueles fundamentos

---

65 NEVES, Daniel Amorim Assumpção. *Manual de direito processual civil*, 8. ed., cit., p. 129.

66 En. 13 da ENFAM: "O art. 489, § 1º, IV, do CPC/2015 não obriga o juiz a enfrentar os fundamentos jurídicos invocados pela parte, quando já tenham sido enfrentados na formação dos precedentes obrigatórios".

67 DIDIER JR., Fredie; BRAGA, Paula Sarno; OLIVEIRA, Rafael Alexandria de. *Curso de direito processual civil*, cit., p. 315.

Neste dispositivo, o que se exige do magistrado é que este realize a interpretação do texto legal e sua adequação/aplicabilidade ao caso concreto, exigindo comparação analítica entre os fundamentos determinantes do enunciado de súmula ou precedente e o caso que se coloca.

Não é incomum a parte ser surpreendida com decisão que, a título de fundamentação, invoca precedente ou enunciado de súmula sem, no entanto, identificar seus fundamentos determinantes. Muitas das decisões, inclusive, apenas transcrevem a ementa esposada pelo tribunal sem fazer sopesamento entre o julgado precedente e o julgado que ora se discute.

O que impõe o dispositivo legal é que o julgador demonstre a pertinência daquele precedente ou enunciado de súmula ao fazer a comparação analítica e a demonstração de aplicabilidade do julgado, daí a necessidade de debater o julgado que agora servirá de paradigma com o caso concreto.

Para tanto, deverá não somente debater as circunstâncias fáticas que orbitam os julgados, como também estabelecer elevado grau de identidade entre as relações jurídicas discutidas outrora e no caso concreto.

> É preciso entender que, assim como o juiz precisa interpretar o texto legal para verificar se os fatos concretos se conformam à sua hipótese normativa, cumpre-lhe também interpretar o precedente para verificar a adequação da situação concreta à sua *ratio decidendi.* Ao método de contraposição entre o caso concreto e o caso que ensejou o precedente dá-se o nome de distinção, *distinguishing* (ou *distinguish*), que deve ser realizado expressamente na fundamentação.[68]

A preocupação desse dispositivo legal é pertinente, visto que, com o advento do NCPC, e por conta de garantias como a proteção da confiança, segurança jurídica e isonomia, e também porque há um dever legal de que os tribunais devem manter estável e íntegra sua jurisprudência, haverá um aumento na atuação dos magistrados que buscarão aporte para decidir nestes julgados que sejam paradigmas, valendo-se dos precedentes persuasivos para tanto.

---

68 *Distinguishing:* é método de verificação pelo magistrado quanto à possibilidade de utilização de um julgado como paradigma de outro.

f) Decisão que deixa de seguir enunciado de súmula, jurisprudência ou precedente invocado pela parte, sem demonstrar a existência de distinção no caso em julgamento ou a superação do entendimento

Este dispositivo legal tem ligação direta com o que foi explicitado *supra*. Dito isso, não há cabimento para novos debates.[69]

3.8. Elementos das decisões judiciais: dispositivo

O dispositivo é elemento comum a toda decisão judicial e trata da parte da decisão em que o magistrado elabora sua conclusão, acolhendo, integral ou parcialmente, ou rejeitando o pedido do autor ou, ainda, extingue o processo sem resolução de mérito.

Válidas são as palavras de Didier Jr. a fim de delinear o conteúdo do dispositivo e que servirão de parâmetro de análise adiante quando se discutir a conclusão da decisão provisória estável:

a) Se em sua fundamentação o órgão julgador constata a inexistência de um requisito de admissibilidade do procedimento (seja ele principal, recursal ou incidental), no dispositivo dessa decisão cingir-se-á a afirmar essa inexistência, sem que lhe seja possível analisar o objeto litigioso do procedimento.

b) Se em sua fundamentação o magistrado constata a presença dos requisitos de admissibilidade da análise do objeto litigioso do procedimento (principal, recursal ou incidental), deverá, em sua conclusão (dispositivo), afirmar a presença desses requisitos de admissibilidade e decidir o pedido que lhe foi dirigido, acolhendo-o ou rejeitando-o, no todo ou em parte. É nessas hipóteses que se diz que o magistrado estabelece, no dispositivo da decisão, a norma jurídica concreta, definindo os termos da relação jurídica que envolve as partes em litígio.

69 Vale somente singelo reparo: "Diferente do que ocorre com o inciso antecedente, o inciso VI do § 1º do art. 489 do Novo CPC não se aplica a súmulas e precedentes meramente persuasivos, porque nesse caso o juiz pode simplesmente deixar de aplicá-los por discordar de seu conteúdo, não cabendo exigir-se qualquer distinção ou superação que justifique sua decisão" (NEVES, Daniel Amorim Assumpção. *Manual de direito processual civil*, 8. ed., cit., p. 130); En. 11 da ENFAM: "Os precedentes a que se referem os incisos V e VI do § 1º do art. 489 do CPC/2015 são apenas os mencionados no art. 927 e no inciso IV do art. 332"; En. 306 do FPPC: "O precedente vinculante não será seguido quando o juiz ou tribunal distinguir o caso sob julgamento, demonstrando, fundamentadamente, tratar-se de situação particularizada por hipótese fática distinta, a impor solução jurídica diversa".

Por último, vale destacar que o preceito, a conclusão judicial, não é só aquilo que está contido, formalmente, na parte dispositiva da decisão. Ainda que sua conclusão seja lançada na fundamentação do julgado, ou em qualquer outra parte, ela comporá o dispositivo da decisão. Deve-se levar em conta o *conteúdo* para que se possa estabelecer o que compõe o dispositivo da decisão, e não a *forma* como ela está redigida.[70]

3.9. Competência

A regra quanto à determinação de competência para o julgamento da tutela provisória fora esculpida no art. 299 do NCPC. Remanesceu nos seguintes termos o regramento geral para fixação de competência das tutelas provisórias: "Art. 299. A tutela provisória será requerida ao juízo da causa e, quando antecedente, ao juízo competente para conhecer do pedido principal".

A redação, ao que nos parece, é ruim, mas não deve trazer grandes dúvidas. O *caput* do artigo menciona a tutela em caráter antecedente e incidental como se estas tivessem juízos diferentes ao seu recebimento, mas não é assim. A regra, para ambas, é a mesma, sendo competente para o recebimento e julgamento o mesmo juízo que receberá o pedido principal, tendo sido ou não feito.

Nossa crítica cabe não à má redação do art. 299 do NCPC, mas àquilo que de substancial se extrai do dispositivo legal. O Código determinou como competente o juízo em razão daquilo que é *pedido principal*, quando poderia ter feito levando em consideração o direito material a ser tutelado. Em outras palavras, poderia o legislador ter se preocupado com a tutela provisória em si para daí determinar a regra de fixação de competência, e não o pedido principal.

Além disso, cabe, ainda, o seguinte apontamento. Como é sabido, são três as espécies de tutela provisória, sendo duas satisfativas, a da *evidência* e a da *urgência antecipada*, e uma não satisfativa, a da *urgência cautelar*. Nas duas primeiras não há quaisquer reparos quanto à escolha legislativa relativa à competência, pois o juízo a recebê-las é, de forma coincidente, o mesmo a receber o pedido final.

No entanto, com relação à tutela cautelar, nem sempre o juízo a recebê-la de forma antecedente será o mesmo a receber o pedido final. Sob a égide do Código de Processo Civil revogado, o Superior

70 DIDIER JR., Fredie; BRAGA, Paula Sarno; OLIVEIRA, Rafael Alexandria de. *Curso de direito processual civil*, cit., p. 352-353.

Tribunal de Justiça havia se manifestado sobre o tema e, nos parece, esta tese continua a ter fôlego:

> Ainda que proferida por juízo absolutamente incompetente, é válida a decisão que, em ação civil pública proposta para a apuração de ato de improbidade administrativa, tenha determinado – até que pronunciamento do juízo competente – a indisponibilidade dos bens do réu a fim de assegurar o ressarcimento de suposto dano ao patrimônio público (REsp 1.038.199/ES, 2ª Turma, Rel. Min. Castro Meira, j. 07.05.2013, Informativo 524/STJ).

Com relação à prevenção, quando distribuído o requerimento de tutela provisória antecedente, o juízo que o receber, neste momento, se torna prevento para conhecer o pedido principal. Ou seja, o demandante, nos casos de requerimento antecedente, deverá aditar a petição inicial e esta será endereçada àquele juízo que conhecera da tutela provisória anteriormente.

Por fim, o parágrafo único do art. 299 do NCPC prevê que, na ação de competência originária do tribunal e nos recursos, a tutela provisória será requerida ao órgão jurisdicional competente para apreciação do pedido.

A primeira parte do mencionado dispositivo é despicienda, pois o *caput* do art. 299 já a responderia.

A segunda parte do parágrafo único do art. 299 trata da hipótese de haver recurso e, durante o seu trâmite, também haver a necessidade de requerimento pela tutela provisória perante o tribunal em que o procedimento se desenvolve. No entanto, o dispositivo não menciona a hipótese de o processo ainda não estar no tribunal, muito embora já tenha exaurido a atividade jurisdicional do juízo *a quo*.

Nesse caso, deverá o requerente se valer do tratamento conferido à apelação, por exemplo, por analogia. Os arts. 1.012, § 3º, 1.026, § 1º, e 1.029, § 5º, do NCPC determinam que o requerente formule pedido dirigido ao tribunal, no período compreendido entre a interposição do recurso e sua distribuição, ficando o relator designado para seu exame e julgamento, ou, se já houver relator escolhido, a este para recebimento e julgamento da tutela provisória requerida.

3.10. Efetivação das tutelas provisórias de urgência

O princípio da efetividade da tutela jurisdicional preocupa-se em verificar os resultados práticos, materiais da concessão da tutela, do resguardo ao direito, do restabelecimento de uma condição etc.

O que pugna o princípio é verificar que, dado reconhecimento ao direito, os resultados pretendidos pelo requerente e determinados pelo julgador devem ser efetivos. Não basta ao jurisdicionado a decisão que corporifica aquele preceito normativo sem, no entanto, não guardar, ela própria, resultado efetivo.

O art. 297, *caput*, do NCPC propõe que "o juiz poderá determinar as medidas que considerar adequadas para efetivação da tutela provisória", nos mesmos moldes do que fazia o vetusto CPC. E, ainda, muito embora essa previsão fosse consequência esperada e lógica, visto que se trata de tutela que tem como característica a provisoriedade, determina o parágrafo único do art. 297 que a efetivação da tutela provisória observará as normas referentes ao cumprimento provisório da sentença.

Quando se tratar de tutela de urgência cautelar, dispõe o art. 301 do NCPC que a efetivação desta poderá ser promovida com emprego de qualquer medida adequada para a asseguração do direito, e ainda sugere algumas medidas específicas, tais como arresto, sequestro, arrolamento de bens e registro de protesto contra alienação de bens.

Ao que tudo indica, imaginou o legislador uma sistemática, neste momento, que engloba não somente um poder geral de efetivação, mas também o poder geral de cautela, todos com o intuito de restabelecimento/asseguramento/efetivação do direito, pois prevê medidas idôneas e adequadas à satisfação ou ao acautelamento.

O regime legal da execução provisória guarda previsão legal nos arts. 520 a 522 do NCPC.

Vale lembrar que toda e qualquer execução provisória, seja a mais comum, como cumprimento provisório de sentença, ou esta tratada em específico, cumprimento provisório de decisão interlocutória, está submetida a um regime que, por si só, revela-se temerário.

Diz-se isso tanto em relação ao cumprimento de sentença provisória quanto em relação à decisão interlocutória. Se há possibilidade de revés no julgamento de recurso que se insurge contra sentença, que dirá quando se imagina a cessação dos efeitos de tutela provisória.

Sendo assim, adota o legislador, para as decisões interlocutórias em que haja cumprimento provisório, a idêntica sistemática de responsabilização civil do cumprimento provisório de sentenças. Além disso, como já afirmado anteriormente, é o tipo de responsabilização civil que prescinde do elemento *culpa*, fazendo-a objetiva nos casos em que a sentença lhe for desfavorável, ou seja, quando o direito final ou o direito acautelado não é, de forma exauriente, reconhecido em sentença; quando obtida liminarmente a tutela em caráter antecedente, não fornecer os meios necessários para a citação do requerido no prazo de 5 dias; e quando ocorrer a cessação da eficácia da medida em qualquer hipótese legal – ou seja, quando revista, reformada ou invalidada.

Referida indenização deverá ser liquidada e executada nos mesmos autos, conforme disposição expressa do art. 302, parágrafo único, do NCPC e somente terá cabimento nas hipóteses de prejuízo com o deferimento das tutelas provisórias de urgência.[71]

3.11. Obstáculos à tutela provisória

Já nas disposições finais e transitórias, no art. 1.059 do CPC, o legislador tratou, nos parece de modo infeliz, sobre as restrições e obstáculos à tutela provisória, mormente quando a medida se dá em desfavor da Fazenda Pública dando a esta a possibilidade de se valer de instrumentos conhecidos como "suspensão da tutela antecipada" ou "suspensão da liminar".

Restou nos seguintes termos o referido artigo: à tutela provisória requerida contra a Fazenda Pública aplica-se o disposto nos arts. 1º a 4º da Lei nº 8.437, de 30 de junho de 1992, e no art. 7º, § 2º, da Lei nº 12.016, de 7 de agosto de 2009.

A Lei 8.437/92 dispõe sobre a concessão de medidas cautelares contra atos do Poder Público, dentre outras providências. O art. 1, mencionado, em seu *caput,* aduz que não será cabível medida liminar contra atos do Poder Público, no procedimento cautelar ou em quaisquer outras ações de natureza cautelar ou preventiva, toda vez que providência semelhante não puder ser concedida em ações de mandado de segurança. Desnecessário o Novo CPC ter feito menção a este dispositivo uma vez que este trata de hipótese restritiva idêntica a já tratada na Lei do Mandado de Segurança e que o próprio código, no mesmo artigo 1.059 fez referência. Um exagero do legislador o cuidado já demasiado e sem sentido com a Fazenda Pública.

---

71 "A concessão de tutela provisória não se sujeita, em regra, à obrigatoriedade de prestação de caução, embora o magistrado possa impô-la em duas situações: a) nos casos no art. 520, IV, CPC, mais especificamente para autorizar o levantamento de depósito em dinheiro, a prática de atos que importem transferência de posse ou alienação de propriedade ou de outro direito real, ou dos quais possa resultar grave dano – aplicando-se, outrossim, as exceções (casos de dispensa da caução) do art. 521; e b) quando se tratar de tutela de urgência, na hipótese do art. 300, § 1º, para garantir o ressarcimento de danos que a outra parte possa vir a sofrer – caução esta que pode ser dispensada se a parte for hipossuficiente em termos econômicos e não puder prestá-la" (DIDIER JR., Fredie. p. 592).

O parágrafo primeiro do mesmo artigo é a proibição ao deferimento da tutela provisória em qualquer caso que suposto ato do Poder Público dispusesse da via do Mandado de Segurança para ser reclamado e a competência originária fosse do Tribunal, como atos do Presidente, de Ministros de Estado, Governadores etc.

O parágrafo 3 também obstaculizou a possibilidade de tutela provisória antecipada nos casos em que o objeto da ação fosse exaurido, o que muito se aproxima ao já mencionado parágrafo 3 do artigo 300 do NCPC. Ocorre que exatamente para isto fora imaginada a tutela provisória, o que faz absoluto contrasenso do legislador neste momento.

O art. 2 da Lei 8.347/92 veda as concessões de tutela provisória em caráter liminar e determina o contraditório, ainda que em apertado tempo, eis que deve acontecer em 72 horas a manifestação da outra parte. Ao que nos parece, deverá o magistrado sopesar o risco da efetividade do processo e o princípio do contraditório uma vez que a regra de manifestação fora excepcionada no art. 9 do CPC.

O art. 3 da Lei 8.347/92, ainda, estipula a vedação à concessão de tutela provisória antecipada se esta importa em outorga ou adição de vencimentos ou de reclassificação funcional. Nada mais é senão opção do legislador em atribuir efeito suspensivo a esta apelação criando obstáculo, portanto, à execução provisória. De outro turno, também, temos, ainda, o parágrafo 2 do art. 7 da Lei do Mandado de Segurança onde é vedada a concessão de tutela antecipada em face da Fazenda Pública quando esta objetivar compensação de créditos tributários, entrega de mercadorias e bens provenientes do exterior, reclassificação ou equiparação de servidores públicos e a concessão de aumento ou a extensão de vantagens ou pagamento de qualquer natureza.

Por fim, o art. 4 da Lei 8.347/92 traz a hipótese daquilo conhecido como *suspensão da tutela provisória*, requerimento a ser feito pelo Ministério Público ou pela pessoa jurídico de direito público que sofre com a medida, ao Presidente do Tribunal competente para julgamento do recurso cabível contra a decisão que ora se combate nas hipóteses de manifesto interesse público ou de flagrante ilegitimidade e para evitar grave lesão à ordem, à saúde, à segurança e à economia pública. Contra o ato do Presidente que concede a suspensão da tutela provisória caberá agravo interno – art. 4 parágrafo 3 da Lei 8.347/92 c.c. art. 1.021 do CPC – que tem como prazo quinze dias, *ex vi* daquilo disposto no art. 1.070 do CPC, e não mais de cinco dias, como dispunha a lei. Se o colegiado do Tribunal não for favorável à concessão da suspensão da tutela provisória cabe ainda, a depender do caso, novo pedido de suspensão, agora dirigido ao Supremo Tribunal Federal ou Superior Tribunal de Justiça.

Muito embora as restrições sejam legais ao deferimento da tutela provisória, e não doutrinárias e jurisprudenciais, e o STF já tenha se manifestado acerca de sua constitucionalide na ADC 4, a nosso ver, é flagrante a inconstitucionalide destas disposições não somente por lesar a inafastabilidade do judiciário, previso na CF, em seu inciso XXXV, art. 5, como também não é proporcional eis que não guarda explicação à vedação total ou à restrição, gerais e indissociadas, de toda e qualquer tutela provisória desfavorável à Fazenda.

4

A COISA JULGADA

Muito se fala que os processos perseguem, incessantemente, a resolução de mérito, que de nada serviria o processo se, porventura, ele esbarrasse em algum requisito processual que o impedisse de efetivamente resolver a matéria. Isto é bastante verdade. Mas também é verdade que, dentro das balizas do Estado Democrático de Direito e da segurança jurídica, outro norte a ser perseguido é o da imutabilidade das decisões.

Todo processo tende, independentemente de sua serventia, a culminar em decisão (sentença ou acórdão) tendente a ser imutável, e duas são as hipóteses: a não interposição do adequado recurso a adiar esse acontecimento ou, ao contrário, o exaurimento de todos os instrumentos de insurgência colocados à disposição pelo legislador. Nessas duas hipóteses se diz ter havido *coisa julgada* ou *preclusão máxima.*

Referido estudo inicial acerca da coisa julgada será fundamental à discussão quanto à possibilidade da decisão interlocutória estável e não impugnável por ação poder ou não gozar da característica de coisa julgada.

Coisa julgada é, *grosso modo*, a impossibilidade de mudança da decisão por qualquer que seja o instrumento processual dentro do processo em que fora proferida decisão última, seja ela terminativa ou definitiva, em qualquer processo, seja se conhecimento ou execução.

De forma majoritária, a doutrina brasileira adota a posição de Liebman, que dispõe que a coisa julgada é uma qualidade da sentença, tornando seus efeitos imutáveis e indiscutíveis. Se assim pode ser considerado, tem-se que o trânsito em julgado faz com que os efeitos projetados no tempo de determinada decisão são, eles mesmos, imutáveis e indiscutíveis, não podendo mais haver discussão em outra demanda, ou, ainda, pelo legislador.

Para outra parcela da doutrina, o conteúdo da decisão é que teria o condão de ser alcançado pelo trânsito em julgado, tornando-o indiscutível e imutável. Em outras palavras, caso haja o transcurso *in albis* do prazo para recorrer ou caso tenha havido o esgotamento de todos os instrumentos processuais recursais, aconteceria a *situação jurídica* do trânsito em julgado.

Para a última parcela doutrinária, o que transitaria em julgado seria o preceito normativo extraído da decisão, ou seja, toda decisão teria um elemento declaratório em si mesma, em que se aplica a norma ao caso concreto. Esse preceito normativo de certeza e singular é que transitaria em julgado.

O art. 502 do NCPC propôs definição acerca do tema aduzindo que "denomina-se coisa julgada material a autoridade que torna imutável e indiscutível a decisão de mérito não mais sujeita a recurso".

Quando menciona *autoridade*, pretendeu o legislador caracterizar o trânsito em julgado como aquilo que dá obrigatoriedade e definitividade à decisão, é o efeito jurídico decorrente do trânsito em julgado, fazendo com que a decisão se torne indiscutível e imutável.

Diferentemente do CPC/1973, que previa que a coisa julgada era a *eficácia da sentença* que a torna indiscutível e imutável, o NCPC refere-se à autoridade, fazendo clara a diferença entre os efeitos da decisão e a coisa julgada. E, além disso, também não mais chama de *sentença*, mas faz referência à decisão de mérito.

Essa indiscutibilidade faz com que a decisão não mais possa ser decidida ou apreciada novamente – o que alguns chamam de efeito negativo da coisa julgada –,[1] inclusive servindo à parte como tese de eventual defesa, caso seja demandada novamente (art. 337, VII, do NCPC).[2]

Vale dizer que somente se fala em efeito negativo se as causas forem, entre si, absolutamente idênticas, valendo-se, para isso, de conceito há muito firmado chamado de tríplice identidade.[3] Qualquer

---

1 DIDIER JR., Fredie. p. 514.

2 "A imutabilidade gerada pela coisa julgada material impede que a mesma causa seja novamente enfrentada judicialmente em novo processo. Por *mesma causa* entende-se a repetição da mesma demanda, ou seja, um novo processo com as mesmas partes (ainda que em polos invertidos), mesma causa de pedir (próxima e remota) e mesmo pedido (imediato e mediato) de um processo anterior já decidido por sentença de mérito transitada em julgado, tendo sido gerada coisa julgada material. O julgamento do mérito desse segundo processo seria um atentado à *economia processual*, bem como fonte de perigo à *harmonização dos julgados*. Na realidade, mesmo que a segunda decisão seja no mesmo sentido da primeira, nada justifica que a demanda prossiga, sendo o efeito negativo da coisa julgada o impedimento de novo julgamento de mérito, independentemente do seu teor" (NEVES, Daniel Amorim Assumpção. *Manual de direito processual civil*, cit., p. 799).

3 DINAMARCO, Cândido Rangel. *Instituições*, p. 316.

alteração nos elementos da ação abre a possibilidade de novo julgamento, pois a demanda é nova.

E a decisão transitada em julgado também pode servir, agora como questão incidental, a uma nova demanda – chamada de efeito positivo da coisa julgada[4] –, que também deverá ser observada, não sendo possível julgamento diverso daquele anteriormente realizado. Isso é muito comum na liquidação de sentença, por exemplo, onde o juiz, ao proceder à liquidação, se vê adstrito aos limites fixados anteriormente no processo de conhecimento.[5]

Significa dizer que, diferente do que aponta o *efeito negativo*, o *efeito positivo* não cria obstáculo ao julgamento de nova demanda, pois a decisão que se tornara imutável e indiscutível faz parte agora daquilo que é questão incidental no novo processo, e seu efeito direto será o de vincular o juiz àquilo que fora decidido anteriormente e que estaria protegido pela coisa julgada material.[6]

Não existiria obstáculo, portanto, ao julgamento do mérito no novo e segundo processo, mas vinculação à fundamentação, segundo o processo anteriormente julgado e transitado.

A coisa julgada não torna indiscutíveis os efeitos da decisão, mas torna indiscutível e imutável a decisão, segundo prescrevem os arts. 502 e 503 do NCPC. Dessa forma, o NCPC coloca fim à antiga discussão se a coisa julgada recairia sobre o elemento declaratório da decisão, sobre seus efeitos ou sobre o conteúdo da decisão.

---

4 DIDIER JR., Fredie. p. 514.

5 "O efeito negativo da coisa julgada opera como *exceptio rei iudicatae*, ou seja, como defesa, para impedir o novo julgamento daquilo que já fora decidido na demanda anterior. O efeito positivo, ao contrário, corresponde à utilização da coisa julgada propriamente em seu conteúdo, tornando-o imperativo para o segundo julgamento. Enquanto a *exceptio rei iudicatae* é forma de defesa, a ser empregada pelo demandado, o efeito positivo da coisa julgada pode ser fundamento de uma segunda demanda" (SILVA, Ovídio Baptista da. *Curso de processo civil.* Processo de conhecimento. 5. ed. São Paulo: RT, 2000. v. 1, p. 500).

6 "Como se nota com facilidade, a geração da função positiva da coisa julgada não ocorre na repetição de demandas em diferentes processos – campo para a aplicação da função negativa da coisa julgada –, mas em demandas diferentes, nas quais, entretanto, existe uma mesma relação jurídica que já foi decidida no primeiro processo e em razão disso está protegida pela coisa julgada. em vez da teoria da tríplice identidade, aplica-se a teoria da identidade da relação jurídica" (NEVES, Daniel Amorim Assumpção. *Manual de direito processual civil*, cit., p. 800-801).

Assenta-se a premissa defendida por Barbosa Moreira de que a coisa julgada torna indiscutível e imutável a norma jurídica definida na decisão judicial.[7]

4.1. Aferição da coisa julgada e o fundamento constitucional

Adota-se, aqui, somente como parâmetro mínimo aquilo definido por Didier Jr.:

> Já se disse que a coisa julgada é um efeito jurídico. Como efeito jurídico, decorre de um fato jurídico, que, no caso, é composto. A coisa julgada é resultado da combinação de dois fatos: a) uma decisão jurisdicional fundada em cognição exauriente; b) o trânsito em julgado. (...) a) o art. 502 do CPC põe como pressuposto da coisa julgada a existência de uma decisão de mérito. Sucede que é possível vislumbrar a coisa julgada em decisões que não sejam de mérito. (...) b) o segundo pressuposto da coisa julgada é o trânsito em julgado. Para que haja coisa julgada, é preciso que contra a decisão não caiba mais recurso, de acordo com o texto do art. 502.[8]

Sendo assim, sob as vestes constitucionais, o trânsito em julgado é a materialização do princípio constitucional e basilar do Estado Democrático de Direito, que é o da segurança jurídica, preceito normativo que dá às partes *direito adquirido*.[9]

---

7 BARBOSA MOREIRA, José Carlos. *Eficácia da sentença e autoridade da coisa julgada*. p. 110.

8 DIDIER JR., Fredie. p. 516-517.

9 Cássio Scarpinella Bueno, em breve análise: "Para além da importante discussão doutrinária, importa destaque à opção feita, ao meu ver equivocadamente, pelo CPC de 2015 em seu art. 502. A coisa julgada recai sobre determinadas decisões jurisdicionais. Nem sobre seus efeitos e nem sobre seu comando, mas, mais amplamente, sobre aquilo que foi decidido pelo magistrado. Não que os efeitos (ou, mais amplamente, a aptidão de eles serem experimentados, sua *eficácia*) ou o comando das decisões não sejam temas relevantíssimos para o direito processual civil. É evidente que o são, como anuncio a propósito de outras opções feitas pelo CPC de 2015. O que quero destacar aqui e agora, contudo, é que a coisa julgada tem campo de incidência mais genérico sobre o que foi decidido" (BUENO, Cássio Scarpinella. *Manual de direito processual civil*, cit., p. 399-400).

4.1.1. Coisa julgada formal e coisa julgada material

Diz-se *coisa julgada formal* quando a indiscutibilidade e a imutabilidade da decisão acontecem *endoprocessualmente* e seus efeitos não se projetam para fora do processo, diferentemente do que acontece com a *coisa julgada material*, em que os efeitos da decisão se projetarão para fora do processo, são *extraprocessuais.*

Em outras palavras, a *coisa julgada formal* é um tipo de preclusão, tornando indiscutível e imutável as decisões de conteúdo eminentemente processuais. Dessa forma, e de acordo com o parâmetro estabelecido, a *coisa julgada formal* somente tem alcançado um dos dois requisitos necessários: o trânsito em julgado. A coisa julgada formal é construção doutrinária, não guarda previsão na Constituição, e tampouco no Código de Processo Civil, que somente menciona coisa julgada material.[10]

Pode-se dizer também que todas as decisões produzem coisa julgada formal, mas não se pode afirmar o mesmo com relação à coisa julgada material. Quando do trânsito em julgado e da consequente produção de seus efeitos, o acontecimento da coisa julgada formal, algumas decisões também serão aptas ao acontecimento da coisa julgada material. Se assim for, como dito, haverá projeção para fora do processo, fazendo com que a discussão se torne imutável e indiscutível para fora do processo donde aquela decisão fora proferida.

Assim acontecendo – a coisa julgada material –, referida decisão não mais poderá sofrer alterações. Essa imutabilidade ocorrida para fora do processo, é bom lembrar, acontece somente nas decisões que tocam ao mérito e porque acontecidas após cognição exauriente, ainda que se trate de pedido cautelar, pois, como se viu, mesmo as cautelares tendem à definitividade, e, porque assim são, somente pode ter havido cognição em exaustão.

10 Nesta mesma esteira: "É bastante comum a distinção entre a 'coisa julgada formal' e a 'coisa julgada material'. A coisa julgada formal tende a ser entendida como a ocorrência da imutabilidade da sentença 'dentro' do processo em que proferida. Neste sentido, não há como recursar se tratar de instituto que se aproxima bastante da *preclusão*, residindo a distinção entre ambos em aspecto exterior a eles, já que a coisa julgada *formal* tende a ser identificada com o encerramento da 'etapa cognitiva' do processo. A chamada 'coisa julgada material', por sua vez, representa a característica de indiscutibilidade e imutabilidade do quanto decidido para 'fora' do processo, com vistas a estabilizar as relações de direito material tais quais resolvidas perante o mesmo juízo ou qualquer outro" (BUENO, Cássio Scarpinella. *Manual de direito processual civil*, cit., p. 401).

4.1.2. Coisa julgada parcial e coisa julgada total

Para definir aquilo que costumeiramente se delineia entre *coisa julgada parcial* e *coisa julgada total*, é preciso rememorar que o recorrente, quando da possibilidade de interposição de recurso, em seu efeito devolutivo, determina, propriamente, aquilo que será objeto de impugnação e aquilo que não será objeto de impugnação.

Quando na sentença existem diversos capítulos e o recorrente opta por recorrer à integralidade da sentença, se diz ter havido recurso total e, por isso, o adiamento do trânsito em julgado. Quando o recorrente se insurge contra somente alguns capítulos da sentença, diz-se que o recurso fora parcial. Porém, antes de apontar que o capítulo que não fora objeto de recurso, por isso, transita em julgado, é preciso, *a priori*, fazer distinção entre o que é capítulo autônomo e o que é capítulo autônomo e independente.

Quando os capítulos são autônomos, mas não existe relação de dependência entre eles, mesmo que a parte somente impugne parcela deles, o capítulo não impugnado pode ser reformado, uma vez que não houve trânsito em julgado.

Já se os capítulos, além de autônomos, também forem independentes, a impugnação de um deles faz, por consequência lógica, que os demais capítulos que não foram objeto de impugnação transitem em julgado.[11]

11 Cássio Scarpinella Bueno ainda vai além, e com a propriedade de sempre: "... é possível concluir que o julgamento *parcial* referido no dispositivo vai além, relacionando-se também com a expressa previsão do art. 356, que admite o julgamento antecipado parcial de mérito no sentido de que o(s) pedido(s) pode(m) ser cindido(s) para julgamento em momentos diversos. É a hipótese de ser viável, desde logo, reconhecer a responsabilidade por danos materiais e ainda ser necessária a dilação probatória relativa à identificação de danos morais. O julgamento ocorrido (no exemplo, com relação aos danos materiais) também tende a transitar materialmente em julgado se não recorrido ou se esgotados os recursos cabíveis. Não é por outra razão que o § 3º do precitado art. 356 assume – e o faz corretamente – a possibilidade de a decisão (interlocutória) que julga antecipada e parcialmente o mérito transitar (materialmente) em julgado. Basta que o recurso dela cabível (o agravo de instrumento a que se refere o § 5º do mesmo dispositivo) não seja interposto ou, se interposto, julgado rejeitado e não interpostos mais recursos" (BUENO, Cássio Scarpinella. *Manual de direito processual civil*, cit., p. 402).

4.2. Elementos da ação: a tríplice identidade

O Novo Código de Processo de Processo Civil, assim como o fazia também o Código revogado, disciplinou os elementos identificadores da ação com o intuito de chegar, de maneira clara e precisa, à *litispendência* ou à *coisa julgada*.

O art. 337, § 4º, do NCPC aduz que haverá coisa julgada quando se repete ação que já foi decidida por decisão transitada em julgado, enquanto que o § 2º do mesmo artigo aponta que "uma ação é idêntica a outra quando possui as mesmas partes, a mesma causa de pedir e o mesmo pedido". A isto se dá o nome de *tríplice identidade.*

Esta é uma regra geral, uma linha mestra, mas que comporta situações excepcionais, tanto em demandas individuais, mas principalmente em se tratando de processos coletivos.

Quando diante de demandas individuais em que há litisconsórcio unitário facultativo ou, ainda, legitimação concorrente, é correto dizer que pouco importa a identificação da parte para fins de identificação quanto à coisa julgada, bastando a análise detida da causa de pedir e do pedido e a certeza de identidade entre essa relação jurídica deduzida em juízo e uma vindoura.

Como é sabido, o processo coletivo admite, por disposição constitucional e legal, diversos colegitimados extraordinários a atuação sobre a mesma relação de direito coletivo, direito este que pertence a um único titular. Daí, por si só, não há absoluta identidade da ação.

Dessa forma, o que deve ser atentado para que haja eventual ofensa à coisa julgada é identidade não nos três elementos da ação dispostos, mas na relação de identidade entre a causa de pedir e o pedido.

4.2.1. Coisa julgada pro et contra, secundum eventum litis e secundum eventum probationis

Para boa parcela da doutrina,[12] três são os diferentes modos de acontecimento da coisa julgada.

O primeiro deles – a formação da coisa julgada *pro et contra* – fixa a premissa geral de que a coisa julgada atuaria pró e contra, independentemente do desfecho do processo e de seu conteúdo decisório, se

12 Didier Jr. e Neves, por exemplo.

procedente ou improcedente. Parece ter sido assim a escolha legislativa estampada nos arts. 502 e 503 do NCPC.

Em outras palavras, a coisa julgada se forma qualquer que seja o resultado do processo, sendo irrelevante ter havido ou não a resolução do pedido do autor, se a sentença era simplesmente homologatória etc.

No entanto, em análise da coisa julgada *secundum eventum litis*, ao que tudo indica, o art. 506 do NCPC[13] parece ter adotado esse sistema de formação da coisa julgada.

A formação da coisa julgada *secundum eventum litis* aponta que nem toda decisão de mérito fará coisa julgada material, isso a depender da decisão definitiva transitada em julgado. O legislador assim aponta no artigo *suso* mencionado.

> Poderia o sistema passar a prever que toda sentença de mérito fundada em prescrição não fará coisa julgada em ações nas quais figure como parte um idoso, ou ainda que a sentença que homologa transação não fará coisa julgada material quando o acordo tiver como objeto direito real. Apesar da óbvia irrazoabilidade dos exemplos fornecidos, servem para deixar claro que afastar a coisa julgada material de sentença de mérito, que em regra se tornariam imutáveis e indiscutíveis com o trânsito em julgado, em fenômeno conhecido como coisa julgada *secundum eventum litis*, é fruto de uma opção político-legislativa.[14-15]

A formação da coisa julgada *secundum eventum probationis* é aquela que somente ocorrerá caso tenha havido o esgotamento das provas, o que faz somente duas possibilidades: a procedência do pedido, porque houve o esgotamento das provas, ou a improcedência com a suficiência de provas. Sendo assim, se, eventualmente, um procedimento culminar em decisão de improcedência por insuficiência

---

13 "Art. 506. A sentença faz coisa julgada às partes entre as quais é dada, não prejudicando terceiros".

14 NEVES, Daniel Amorim Assumpção. *Manual de direito processual civil*, cit., p. 826.

15 Vale apontar a consideração de Didier Jr.: "há a coisa julgada *secumdum eventum litis*, que é aquela que se forma em apenas um dos possíveis resultados do processo: procedência ou improcedência. Este regime não é bem visto pela doutrina, pois trata as partes de forma *desigual*, colocando uma delas em posição de flagrante desvantagem, já que a coisa julgada dependerá do resultado do processo. É o caso da coisa julgada no processo penal: a sentença condenatória sempre pode ser revista em favor do réu. Não parece haver exemplo no processo civil" (DIDIER JR., Fredie. p. 520).

de provas, não há que se falar em trânsito em julgado, muito menos em indiscutibilidade em função de não ter havido a coisa julgada.[16]

Diversos são os exemplos em nosso sistema: art. 18 da Lei 4.717/1965 - Ação Popular; art. 19 da Lei 12.016/2009 - Mandado de Segurança Individual ou Coletivo etc.

4.3. Limites objetivos e subjetivos da coisa julgada e eficácia preclusiva da coisa julgada

Nossa sistemática de alcance objetivo da coisa julgada no vetusto Código de Processo Civil é bem parecida com a atual, a princípio, mas com sensíveis diferenças quando pensada a fundo. O que resta aqui é precisar qual parcela da decisão de mérito, ocorrida em cognição exauriente, transitou em julgado materialmente.

Sempre se imaginou que a parte dispositiva da sentença de mérito seria a parcela da decisão apta a se tornar imutável e indiscutível, muito embora seus motivos, ou fundamentos da decisão, pudessem ser debatidos em processo outro. Ou seja, a coisa julgada material poderia admitir contradições lógicas, se se imaginar duas decisões de mérito, em sentidos opostos, tendo por base a mesma causa de pedir, mas com certeza ela não admitiria contradições práticas.[17]

Nestes moldes, restou consignado no art. 504 do NCPC, em que se lê que somente o dispositivo seria indiscutível e imutável, mas não os motivos, ainda que importantes para determinar o alcance da parte dispositiva da sentença, nem a verdade dos fatos, estabelecida como fundamento da sentença.

Assim como o art. 503 do NCPC, quando menciona que a decisão que julgar total ou parcialmente o mérito tem força de lei nos limites da questão principal expressamente decidida.

Acontece que o § 1º desse mesmo artigo excepciona essa regra geral, permitindo que a coisa julgada alcance a questão prejudicial decidida expressa e incidentalmente no processo, desde que da reso-

---

16 "A primeira questão a respeito dessa espécie atípica de coisa julgada diz respeito à sua constitucionalidade. Uma corrente minoritária vê uma quebra da isonomia em referido sistema e aponta para uma proteção exacerbada dos autores das ações coletivas *stricto sensu* em desfavor dos réus. Apesar de mais sentida nas ações que tenham como objeto os direitos individuais homogêneos, também nas que tratam de direitos difusos e coletivos, haveria uma disparidade de tratamento absolutamente desigual, o que feriria o princípio constitucional da isonomia" (SILVA, Ovídio Baptista da. *Coisa*, p. 281).

17 NEVES, Daniel Amorim Assumpção. *Manual de direito processual civil*, cit., p. 802.

lução dependa o julgamento do mérito, se tiver havido contraditório prévio e efetivo, salvo nas hipóteses de revelia, e se o juízo tiver competência em razão da matéria e da pessoa.[18]

A possibilidade de a questão prejudicial ser alcançada pela coisa julgada não é assim tão nova em nosso ordenamento. Era aquilo que se valia a ação declaratória incidental.

O Código de Processo Civil revogado, em seu art. 325, previa a possibilidade nos casos em que o réu, contestando o "direito que constitui fundamento do pedido, o autor poderá requerer, no prazo de 10 (dez) dias, que sobre ele o juiz profira sentença incidente, se da declaração da existência ou da inexistência do direito depender, no todo ou em parte, o julgamento da lide". Essa hipótese também guardava ao autor, pelo que se depreendia do art. 5º.

Dessa forma, tanto o autor quanto o réu poderiam promover, já no processo existente, nova ação a discutir, pontualmente, e agora como pedido, aquilo que até então era questão prejudicial e, por ser assim, faria parte da fundamentação da decisão, logo, não transitando em julgado.

A ação declaratória incidental, portanto, como o nome apontava, permitia aos demandantes o debate exaustivo sobre a questão prejudicial e, com isso, fazer dela objeto no dispositivo de sentença incidental ao processo. Se assim fosse, haveria coisa julgada material desta causa de pedir em particular.

Com vistas à economia processual, o legislador no novel regramento optou por garantir as consequências da ação declaratória incidental, sem, no entanto, retardar o feito, como o fazia no Código de Processo Civil de 1973, extinguindo a *ação declaratória incidental*.[19]

---

18 Discordamos de posição enunciada pelo Fórum Permanente de Processualistas Civis, de n. 165, eis que a nova decisão, sem dúvida, acarreta em transformação na situação jurídica das partes e, por isso, deve não somente haver requerimento, como também devem ser respeitas as previsões dos arts. 9º e 10 do CPC: "(art. 503, § 1º) Independentemente de provocação, a análise de questão prejudicial incidental, desde que preencha os pressupostos dos parágrafos do art. 503, está sujeita à coisa julgada".

19 Em contrário: "A ação declaratória incidental ainda permanece em nosso sistema, ao menos em duas situações: a) reconvenção declaratória proposta pelo réu, que pode ter por objeto a questão prejudicial incidental controvertida: nesse caso a prejudicial se torna questão principal, para cuja resolução vige o regime jurídico comum da coisa julgada; b) ação declaratória incidental de falsidade de documento, expressamente prevista no par. ún. do art. 430 do CPC" (DIDIER JR., Fredie; BRAGA, Paula Sarno; OLIVEIRA, Rafael Alexandria de. *Curso de direito processual civil*, cit., p. 540; em posicionamento que compartilhamos: "... o CPC de 2015 andou bem ao eliminar a 'ação declaratória incidental'. Assim, mesmo sem qualquer

O que resta agora à doutrina é a boa e adequada distinção entre questão prejudicial e questão fundamental ou preliminar.

Nestes novos moldes, portanto, a coisa julgada material somente não acontecerá nos casos em que não seja possível o respeito aos requisitos legais mínimos, ou seja, se houver limitação cognitiva ou probatória, se o juízo não for competente ou nos casos de não comparecimento do réu ao processo, visto que, se revel por outro motivo, teria havido oportunidade para o exercício em contraditório.

Com relação aos limites subjetivos da decisão, a doutrina por muito tempo aduz que tanto as partes interessadas, quanto os terceiros, intervenientes ou não, devem sofrer com as consequências jurídicas do trânsito em julgado das decisões, inclusive o Ministério Público, mesmo na função de órgão interveniente.[20]

Em rápida digressão, as partes e o Ministério Público estariam subjugados à coisa julgada material, enquanto os terceiros interessados sofreriam as consequências jurídicas daquela decisão. Os terceiros desinteressados é que não sofreriam com quaisquer consequências da decisão que houvesse por fazer coisa julgada material.

A redação do art. 472 do CPC revogado, fugindo ao regramento geral, estabelecia o contrário, em sua segunda parte: "a sentença faz coisa julgada às partes entre as quais é dada, não beneficiando, nem prejudicando terceiros. Nas causas relativas ao estado da pessoa, se houverem sido citados no processo, em litisconsórcio necessário, todos os interessados, a sentença produz coisa julgada em relação a terceiros".

O NCPC, a nosso sentir, corrigiu essa atecnia do legislador no novo art. 506 quando menciona que "a sentença faz coisa julgada às partes entre as quais é dada, não prejudicando terceiros", e, regulando os *limites subjetivos da coisa julgada*, faz com que esta não prejudique terceiros.

> Trata-se de proposta que consagra, mesmo nos "processos individuais", a possibilidade de transporte *in utilibus* da coisa julgada. Como o terceiro, que o é porque não formulou pedido e nem em face dele foi formulado, *beneficiar-se-á* da decisão (não podendo ser preju-

---

iniciativa expressa do réu e/ou do autor, a questão *prejudicial*, isto é, a questão de cuja resolução prévia dependa o julgamento do mérito (art. 503, § 1º, I) transitará materialmente em julgado se 'a seu respeito tiver havido contraditório prévio e efetivo'" (BUENO, Cássio Scarpinella. *Manual de direito processual civil*, cit., p. 404).

20 STJ, REsp 1.155.793/DF, 4ª Turma, Rel. Min. Maria Isabel Gallotti, *DJe* 11.10.2013.

dicado), não há por questionar a opção feita pelo CPC de 2015 na perspectiva constitucional.[21]

Assim, parece ter sido acertada a escolha legislativa, uma vez que o trânsito em julgado *inter partes* vem em atendimento aos princípios constitucionais processuais da *ampla defesa* e do *contraditório*, porque nunca pareceu crível que uma decisão pudesse atentar contra a esfera jurídica de outrem, desinteressado no processo, sem que a este jamais tivesse sido dada oportunidade de debate.[22]

Concernente à eficácia preclusiva da coisa julgada, o art. 508 do NCPC é bem pontual, quando aponta que, transitada em julgado a decisão de mérito, considerar-se-ão deduzidas e repelidas todas as alegações e as defesas que a parte poderia opor tanto ao acolhimento quanto à rejeição do pedido.

Referida dimensão não é novidade nas normas atinentes à teoria geral do processo e nos princípios comezinhos de direito processual civil. Sempre que se imaginam as espécies de resposta do réu, dentre elas a contestação, vêm à tona também seus princípios regentes, dentre eles, a necessidade de respeito à *eventualidade*, o que faz com que o réu argua naquele e exclusivamente naquele momento todas as suas teses defensivas, sob pena de preclusão.

Havendo, portanto, mais de uma matéria defensiva, cabe ao réu alegá-la em oportunidade adequada, não lhe sendo possível demandar novamente pretendendo sua arguição de forma extemporânea.

Essas razões também devem ser aplicadas ao autor da ação, em sua causa de pedir, criando obstáculo à alegação, em outra demanda, de fato ou fundamentação jurídica nova que deveria ter sido deduzida naquela ação primeira.

4.4. Atuação cognitiva do juiz: a *técnica de cognição parcial e sumária*

A definição do caso em concreto que se perfaz com a decisão judicial é, ela própria, um enunciado normativo. Quando de sua leitura

21 BUENO, Cássio Scarpinella. *Manual de direito processual civil*, cit., p. 405.

22 "O regramento geral de que a coisa julgada não pode prejudicar terceiros comporta duas ressalvas: os sucessores e os substituídos processuais, muito embora não participem como partes, devem suportar os efeitos da coisa julgada. Sem dúvida, são titulares do direito, e, por conta disso, devem suportar os efeitos da coisa julgada material, ainda que somente os negativos".

e interpretação, indubitavelmente, se tiram diversas normas jurídicas, no sentido não somente de definir as normas que regularão o caso resolvido, como também, e essa é uma faceta fundamental, definir, de forma geral, o que pretende a decisão enquanto precedente.

Como dito anteriormente, a ausência da motivação faz com que a decisão seja inexistente, enquanto que a fundamentação deficiente faz com que a decisão seja nula. Para isso, necessário é conhecer acerca do atuar do magistrado quando de sua atividade cognitiva.

O processo civil moderno é instrumento não somente a servir ao direito material, mas, mais ainda, é visto agora como instrumento a se ajustar às reais necessidades das partes. Nesse sentido, valemo-nos de proposta há muito feita por Marinoni de que a "cognição pode ser analisada em duas direções: no sentido horizontal, quando a cognição pode ser plena ou parcial; e no sentido vertical, em que a cognição pode ser exauriente, sumária e superficial".[23]

Iremos nos valer da análise, neste momento, acerca da cognição parcial, visto que este estudo trata da tutela provisória de urgência antecipada e antecedente, portanto, decisão interlocutória, tida em caráter sumário.

> O legislador, através da técnica da cognição parcial, pode desenhar procedimentos reservando determinadas exceções, que pertencem à situação litigiosa, para outros procedimentos; nos procedimentos de cognição parcial, o juiz fica impedido de conhecer as questões reservadas, ou seja, as questões excluídas pelo legislador para dar conteúdo a outra demanda. É o caso das ações possessórias e das ações cambiárias.[24]

Essa técnica, recomenda-se, deve ser compreendida no plano do direito material a fim de que seja compreendida a relação entre a cognição parcial e aquilo que pretende a lógica do procedimento, uma vez que deve privilegiar a celeridade, sem olvidar a segurança jurídica.

Como será visto adiante, a tutela provisória de urgência antecipada e antecedente, nos moldes do art. 303 do NCPC, quando deferida pelo magistrado, traz ônus diferentes a serem suportados por autor e réu. Ao autor, caberá aditar a petição inicial em prazo determinado, caso não o faça, haverá a cessação dos efeitos do requerimento então deferido; e ao réu, se optar por não agravar por instrumento, ainda

23 MARINONI, Luiz Guilherme. *Antecipação da tutela*, cit., p. 31.

24 Idem, ibidem.

que o autor tenha aditado a petição inicial, deverá este processo ser extinto sem resolução do mérito por conta da inação daquele, muito embora tenha havido atuar positivo do autor.

É claro, portanto, que existem restrições quanto à matéria a ser deduzida pelo autor, bem como restrições também à matéria de defesa a ser deduzida pelo réu neste *novel* procedimento.

Se vistos assim, não somente o direito do autor em aditar a inicial deve ser entendido como direito de *ação*, e que, por isso, não deveria encontrar obstáculo algum – como a extinção do processo pela falta de interposição do agravo de instrumento –, como também obrigar ao réu agravar da decisão interlocutória para somente assim ter sobrevida o processo e ele possa se defender – em vez de se considerar possível uma simples petição dirigida ao processo de conhecimento para fins de impedir a extinção do feito –, o novo procedimento previsto no art. 303 do NCPC seria inconstitucional, merecendo, ao menos, forte carga em flexibilização.

A técnica da *cognição parcial* permite a racionalização do procedimento, e não o controle, de forma substantiva, do procedimento em si, o que poderá ser feito, se assim pretender autor e/ou réu em demanda própria a ser ajuizada no prazo de dois anos (art. 304, §§ 2º e 5º, do NCPC).

A *técnica da cognição sumária*[25] leva aquilo conhecido como verossimilhança.

> É correto dizer, resumidamente, que as tutelas de cognição sumarizadas no sentido vertical objetivam: (a) assegurar a viabilidade da realização de um direito (tutela cautelar); (b) realizar, em vista de uma situação de perigo, antecipadamente um direito (tutela antecipatória fundada no art. 273, I, do CPC); (c) realizar, em razão das peculiaridades de um determinado direito e em vista da demora do procedimento ordinário, antecipadamente um direito (liminares de determinados procedimentos especiais); (d) realizar, quando o direito do autor surge como evidente e a defesa é exercida de modo abusivo, antecipadamente um direito (tutela antecipatória fundada no art. 273, II, do CPC).[26]

Essa técnica é a sumarização da cognição, tendo em vista a afirmação dos fatos e as provas eventualmente produzidas. Vale apontar

---

25 V. MARINONI, Luiz Guilherme. *Antecipação da tutela*, cit.

26 MARINONI, Luiz Guilherme. *Antecipação da tutela*, cit., p. 34.

também que, por vezes, o grau de sumarização acontecerá de forma diferenciada a depender do procedimento.[27-28]

O julgador, quando do deferimento de tutela em cognição sumária, nada declara, seguindo restrito à ideia e julgamento quanto à probabilidade da existência do direito, somente. E após o aprofundamento da discussão é que se chegará à convicção daquilo que outrora era probabilidade ou não. A tutela de cognição exauriente, portanto, ao contrário da tutela baseada em sumariedade cognitiva, permite o pleno e amplo debate em contraditório, e por isso seria apta ao atingimento da coisa julgada.

Dessa forma, portanto, a previsão do art. 303 do NCPC nos parece fazer o misto da técnica de *cognição parcial* e da técnica de *cognição sumária.* Por esta, é o óbvio, eis que é característica da tutela provisória o exame sumário daquilo posto à discussão, da técnica de *cognição parcial*, uma vez que o legislador abriu possibilidade para que o autor restrinja o procedimento, ainda que momentaneamente ou de forma circunspecta, quando a lesão ou o perigo forem contemporâneos à propositura da inicial, fazendo com que o procedimento de monitorização – que será visto mais adiante – tenha desfecho único e mais célere.

27 Aponta Marinoni que a "liminar do procedimento do mandado de segurança e a liminar do procedimento cautelar diferem nitidamente quanto ao grau de cognição. No mandado de segurança a liminar é deferida com base no juízo de verossimilhança de que a afirmação provada não será demonstrada em contrário pelo réu, enquanto a liminar cautelar é concedida com base no juízo de verossimilhança de que a afirmação será demonstrada, ainda que sumariamente, através das provas admitidas no procedimento sumário" (MARINONI, Luiz Guilherme. *Antecipação da tutela*, cit., p. 35).

28 Ver também ARRUDA ALVIM, Teresa. *Mandado de segurança contra ato judicial*; ARRUDA ALVIM NETTO, J. M. de. Anotações sobre a medida liminar em mandado de segurança. *RePro* 39/16-26.

5

A TUTELA PROVISÓRIA DE URGÊNCIA ANTECIPADA

O Livro V da Parte Geral, nos arts. 294 a 311, do NCPC cuida daquilo intitulado como "Tutela Provisória" e é dividido em três Títulos: *disposições gerais, tutela de urgência* e *tutela da evidência.* A tutela provisória de urgência, como dito, pode ser satisfativa – ou antecipada – ou não satisfativa – ou cautelar.[1]

A partir daqui o estudo será, exclusivamente, sobre a tutela provisória de urgência antecipada, esmiuçando sua serventia e efeitos, culminando em seu formato específico e novo de acontecimento: antecedente.

Vale dizer que se trata do tipo de tutela provisória que tem como características basilares a demonstração da probabilidade do direito – conhecido como *fumus boni iuris* – e a demonstração do perigo de dano ou de ilícito – conhecido como *periculum in mora.*

---

1 Valiosas as palavras de Cássio Scarpinella Bueno: "O projeto do Senado, seguindo os passos do Anteprojeto, propunha, em substituição aos dois mencionados institutos, o da 'tutela antecipada' do art. 273 e do art. 461, § 3º, e do 'processo cautelar' dos arts. 796 a 889, todos do CPC de 1973, disciplina que intitulou 'tutela de urgência e tutela da evidência', veiculada em seus arts. 269 a 286. O Projeto da Câmara propôs, em seu lugar, disciplina denominada 'tutela antecipada', que ocupava seus arts. 295 a 313. Chama a atenção, portanto, mesmo dentro dos limites deste *Manual*, constatar que o CPC de 2015 refere-se ao tema com *nomenclatura diversa*, como se verifica de seus arts. 294 a 311: 'tutela provisória'. Para o prezado leitor que entender se tratar de mera mudança de nome, quiçá mais adequado para descrever a novel disciplina legislativa, não haverá maiores dificuldades de entender que as modificações ocorridas na última etapa do processo legislativo não esbarram no *devido processo legislativo* (art. 65, parágrafo único, da CF). Diferentemente, para quem entender que a nova disciplina legal vai além de meras questões terminológicas, o vício no processo legislativo é conclusão irretorquível, a começar pelo nome dado ao instituto" (BUENO, Cássio Scarpinella. *Manual de direito processual civil*, cit., p. 246).

Além disso, para que seja possível o deferimento da tutela provisória de cunho satisfativo, necessário também será o preenchimento de outro requisito, ou melhor, a falta dele, que é o *periculum in mora in reverso*, previsto no art. 300, § 3º, do NCPC, o que também será debatido adiante.

Outrossim, convém sugerir o seguinte ritmo de diagrama a permear nosso imaginário a todo o momento a partir deste ponto com relação às espécies: a tutela provisória fundada em urgência ou em evidência; a tutela quando antecedente ou incidental; a tutela quando antecipada ou cautelar. Para daí firmar-se que o objeto absolutamente delineado de nosso estudo será o de *tutela provisória de urgência antecipada e antecedente.*

Também será necessário entender que a *tutela provisória* é técnica processual a proporcionar a prestação da tutela jurisdicional pelo Estado-juiz no sentido de satisfazer o direito ou garantir sua satisfação, seja de modo anterior à deflagração própria da discussão, que é *pano de fundo* em todo procedimento ou no decorrer dele, mas sempre com a característica de essa decisão ser revogável ou modificada a qualquer tempo, ainda que em outro procedimento e mesmo que somente com a análise do mérito da demanda.

A tarefa de definir com absoluta precisão a serventia das tutelas provisórias de urgência não é das mais fáceis. O Código de Processo Civil de 2015, enquanto Projeto no Senado, tinha redação que talvez pudesse auxiliar no tema.

O art. 269 do Código projetado no Senado, quando pretendia estabelecer a distinção entre a tutela cautelar e a tutela antecipada, mencionava, em seu § 1º, acerca destas, aduzindo que "são medidas satisfativas as que visam a antecipar ao autor, no todo ou em parte, os efeitos da tutela pretendida", e, com relação àquelas, mencionava serem "as que visam a afastar riscos e assegurar o resultado útil do processo".

Sendo assim, pretendia o Projeto positivar aquilo que há muito é marca doutrinária acerca das tutelas cautelar e antecipada, o condão não satisfativo daquela e o satisfativo desta, assegurar ou satisfazer o direito.

Desta feita, e para encerrar o tema, tem-se que a tutela provisória de urgência cautelar deve ser entendida como técnica processual com o fito de asseguramento do resultado eficaz do processo, enquanto que a tutela provisória de urgência antecipada permite, desde logo, a satisfação do autor com a entrega do bem da vida perseguido por ele em juízo.[2]

Por fim, antes mesmo de discutirmos os requisitos para a sua concessão, necessário é que façamos uma singela digressão sobre um tema muito mal cuidado por nossa prática nos Tribunais e que, agora, com o advento da Nova Legislação o erro pode ser insanável e, por isso, deve o jurisdicionado ter absoluto zelo e cuidado no momento de peticionar em juízo.

Para deflagrarmos qualquer procedimento necessário é que a petição inicial exponha as circunstâncias fáticas e jurídicas sobre as quais recaem a *quaestio* – causa de pedir – bem como que o autor exponha seu pedido final.

Esta petição inicial, por inovação deste código, poderá cuidar, ao mesmo tempo, de pedido de cunho satisfativo e pedido de cunho cautelar. Em outras palavras, podemos conviver, fruto de uma única petição inicial e do mesmo momento de deflagração do processo, e dentro dele, com dois procedimentos, um a cuidar do pedido acerca do bem da vida perseguido pelo autor, e outro pedido assecuratório a garantir a efetividade do processo.

Ocorre que, por diversos motivos – ligados à probabilidade, urgência da perda do direito ou urgência quanto à perda da efetividade do processo – não é possível ao jurisdicionado agarudar o desenrolar de todos os atos processuais necessários à cognição exauriente. Por isso, a técnica de adiantamento dos efeitos da tutela jurisdicional conhecida como *tutela provisória*.

Desta forma, ao postular em juízo, o pedido final (satisfativo ou cautelar) e o requerimento feito em tutela provisória jamais podem ser os mesmos eis que, neste, o que se requer não é o provimento

2 Mesmo para quem aceitar esta proposta de distinção entre as duas figuras, importa alertar que nem sempre é simples distinguir até onde vai o "assegurar" e onde começa o "satisfazer" (e vice-versa). Até porque a distinção repousa, quando bem compreendida, na *preponderância* ou na ênfase de uma característica sobre a outra, não de sua exclusividade, é dizer: assegurar pode também (ou é também) satisfazer, ainda que em menor intensidade; satisfazer pode também (ou é também) assegurar, ainda que em menor intensidade. E mais: a distinção entre "assegura" e "satisfazer" tem que levar em conta também o direito (ou os direitos) a ser assegurado ou satisfeito. A satisfação fica mais evidente quando a tutela jurisdicional incide diretamente em um direito e o asseguramento quando se trata de tutelar um *outro* direito, relacionado àquele, mas, em si mesmo considerado diverso (BUENO, Cássio Scarpinella. *Manual de direito processual civil*, cit., p. 249).

final, mas os efeitos que seriam percebidos caso fosse entregue ao jurisdicionado o provimento final.

De outra jeito, não se pede a exclusão do nome de alguém do cadastro de maus pagadores, o que se pede é a declaração judicial de que inexiste relação jurídica entre aquelas partes. Uma vez acontecendo a declaração é que temos, como seus efeitos, a retirada do nome do cadastro de restrição ao crédito e é isto que será requerido na tutela provisória.

5.1. Pressupostos gerais e específicos

Como dito anteriormente, a *probabilidade* é um dos requisitos para a concessão da tutela provisória de urgência antecipada. Referida *probabilidade do direito a ser satisfeito* refere-se à plausibilidade de existência do direito que se pretende como tutela final. É aquilo comumente conhecido como *fumus boni iuris*, ou, melhor, fumaça do bom direito.

O perigo, também como requisito a ser analisado, evidencia o receio com a demora da prestação jurisdicional e o comprometimento do direito em debate. É aquilo também sempre referenciado como *periculum in mora.*

5.1.1. Pressupostos gerais positivos e negativos

De forma geral, sempre se cuidou de haver dois requisitos positivos – *fumus boni iuris* e *periculum in mora* – e um terceiro requisito, negativo, chamado de *periculum in mora in reverso.*

Pelo que dispõe o art. 300 do NCPC, o magistrado deve não somente analisar os elementos que "evidenciem" a probabilidade quanto ao que foi narrado pelo requerente – que pode ser o demandante ou o demandado –, mas também, junto a isso, quais as possibilidades de sucesso daquele que faz o requerimento.

Fala-se, portanto, em necessidade de haver verossimilhança fática no discurso do requerente, o que significa ter que haver, ainda que de maneira pueril, razoável probabilidade acerca da narrativa fática dimensionada por ele em seu discurso.

A medição quanto à probabilidade baseia-se em uma verdade provável, em narrativa verossímil.

Vale dizer que a plausibilidade das alegações e a conclusão acerca de sua verossimilitude nada têm a ver ou não há dependência de substrato probatório, sob pena de se discutir o merecimento do direito, em vez do merecimento à tutela provisória de urgência.

Athos Gusmão Carneiro reforça esse posicionamento aduzindo que "a existência de prova não conduz necessariamente a juízo de verossimilhança e ao acolhimento do pedido; e o juízo de verossimilhança não decorre necessariamente de atos probatórios".[3-4]

Além disso, é cobrado do requerente que este guarde, entre sua narração fática e o sistema jurídico como um todo, razoável probabilidade quanto à subsunção dos fatos à norma.

Dessa forma, como dito, não somente não se faz mais a distinção da probabilidade entre as tutelas de urgência, como também esse requisito é, hodiernamente, imposição legal rarefeita, uma vez que de fácil persecução na prática, é, como sempre foi, análise pontual do caso concreto.

Como se trata de urgência, necessário é estabelecer o que pretende o legislador ao mencionar, no art. 300, o *perigo de dano* ao direito.

Inicialmente, cabe infirmar, porque não é desnecessário, que o perigo de dano é perigo *real* de dano, *concreto, substancial e atual, irreparável ou de difícil reparação,* o que significa dizer que a tutela provisória de urgência não se presta a perigos hipotéticos, eventuais.

Vale apontar que a tutela provisória não somente cuida de cessar ou restabelecer situações que, anteriormente, sofriam com o perigo, como também se prestará a tutelar situações ameaçadas ou efetivamente lesadas por acontecimentos ou possibilidade de acontecimento de atos ilícitos, como, por exemplo, nas tutelas reintegratórias, inibitórias etc. Por isso, a tutela provisória, se assim se pretender sua utilização, não é tutela contra o dano, mas contra o ilícito.

Se a necessidade for de se evitar ou reparar ato ilícito, há a possibilidade de o ato ilícito não ter, ainda, sido perpetrado e a tutela

---

3 CARNEIRO, Athos Gusmão. *Da antecipação de tutela*, cit., p. 28-29.

4 "De um lado, nem sempre uma prova dos fatos implicará o acolhimento da pretensão – ainda que em caráter provisório. É o que se dá, por exemplo, quando os fatos, ainda que devidamente corroborados, não se subsomem ao enunciado normativo invocado, ou, ainda que juridicizados, não geram os efeitos jurídicos desejados. E mais, ainda que provados e verossímeis os fatos trazidos pelo requerente, pode o requerido trazer prova pré-constituída de fato novo, extintivo (ex.: pagamento), modificativo (ex.: renúncia parcial) ou impeditivo (ex.: prescrição) do direito deduzido, invertendo, pois a verossimilhança. De outro lado, nem sempre a verossimilhança advirá de prova. Na forma do art. 300 do CPC, basta que haja 'elementos que evidenciem a probabilidade' do direito. Poderá assentar-se, por exemplo, em fatos incontroversos, notórios ou presumidos, ou decorrentes de uma coisa julgada anterior, que serve como fundamento da pretensão" (NEVES, Daniel Assumpção Amorim. Tutela antecipada sancionatória, cit.).

provisória reparar evento futuro, mas com substrato mínimo de probabilidade quanto ao seu acontecimento. Em outras palavras, haverá a necessidade de que o requerente demonstre as circunstâncias fáticas que corroboram suas alegações em torno da iminência da ilicitude.

O dano de difícil reparação é aquele que possivelmente não será ressarcido, seja por conta das condições financeiras do demandado, seja porque não é de fácil percepção a individualização ou mensuração da coisa que se requer em juízo.

> Dano irreparável pode decorrer de violação: i) a direito não patrimonial (direito à honra ou à imagem, por exemplo); ii) a direito patrimonial com função não patrimonial (ex.: direito a indenização por acidente de trabalho, cuja realização é necessária para que o trabalhador restabeleça condições mínimas de saúde); iii) a direito patrimonial que não pode ser reparado de forma específica – com o retorno ao *status quo ante* –, mas só por equivalente em pecúnia; iv) ou a direito patrimonial que pode ser efetivamente atendido através de simples prestação pecuniária – como um simples direito de crédito não adimplido –, mas a manutenção do bem ou capital necessário para a sua satisfação no patrimônio do réu, no curso do processo, implica dano grave ou irreparável para o autor – que demanda, por exemplo, sua satisfação imediata para manter a sanidade financeira da empresa.[5]

No que pertine à *reversibilidade* da tutela provisória de urgência satisfativa, o art. 300, § 3º, do NCPC faz menção aduzindo que "a tutela de urgência antecipada não será concedida quando houver perigo de irreversibilidade dos efeitos da decisão".

Referida irreversibilidade não deve ser vista sob a ótica daquilo que antecipa a tutela de forma objetiva, em si, mas os efeitos ocorridos em razão da antecipação de tutela. Nesse sentido é o julgado do Superior Tribunal de Justiça, no REsp 737.047/SC, sob a relatoria da Eminente Min. Nancy Andrighi, j. 19.12.2000:

> Processual civil. Recurso especial. Ação de obrigação de fazer. Outorga de escritura definitiva de imóvel. Antecipação dos efeitos de tutela. Natureza do provimento antecipado. Perigo de irreversibilidade dos efeitos da tutela antecipada. Juízo de probabilidade. Tutela específica. Requisitos. Arts. 273 e 461 do CPC.

---

5 MARINONI, Luiz Guilherme. *Antecipação da tutela*, cit.

> - O provimento antecipado, consistente na outorga de escritura definitiva do imóvel não é de natureza irreversível.
> - Quando o 2º do art. 273 do Código de Processo Civil alude à irreversibilidade, ele se refere aos efeitos da tutela antecipada, não ao provimento final em si, pois o objeto de antecipação não é o próprio provimento jurisdicional, mas os efeitos desse provimento.
> - O perigo da irreversibilidade, como circunstância impeditiva da antecipação dos efeitos da tutela, deve ser entendido *cum grano salis*, pois, não sendo assim, enquanto não ultrapassado o prazo legal para o exercício da ação rescisória, não poderia nenhuma sentença ser executada de forma definitiva, dada a impossibilidade de sua desconstituição.
> - É sob a ótica de probabilidade de êxito do autor quanto ao provimento jurisdicional definitivo que o julgador deve conceder ou não a antecipação dos efeitos da tutela jurisdicional.
> - Em se tratando de tutela específica que tem por objeto o cumprimento de obrigação de fazer, prevista no artigo 461 do CPC, a lei processual não exige, para a concessão da tutela liminar, os requisitos expressamente previstos no artigo 273. Basta, segundo prescreve o parágrafo 3º, do artigo 461, que o fundamento da demanda seja relevante e haja justificado receio de ineficácia do provimento final. Recurso especial não conhecido.

Significa, pois, que não somente o requerente e o magistrado devem atentar ao preenchimento dos dois requisitos mencionados como também deverão analisar se os efeitos da tutela provisória de urgência satisfativa podem ser reversíveis ou não se, durante o transcurso do processo se chegue ao juízo de a decisão interlocutória concessiva do direito - porque precária - deve, neste momento, ser alterada ou revogada.

Essa reversibilidade é possível de acontecer, visto que se está lidando com tutela provisória, sob o crivo, por isso, da cognição sumária, em juízo de verossimilhança, e, por assim acontecer, durante o desenrolar dos atos processuais pode surgir fato ou circunstância outra que sugira sua revogação ou modificação. Caso isso aconteça, é que se imagina a possibilidade ou não de reversibilidade dos seus efeitos com a tentativa de minorar o prejuízo que a outra parte até então sofrera.

A concessão de tutela provisória antecipada que se demonstre irreversível é, *mutatis mutandi*, a concessão de tutela definitiva, e não provisória, e, pior, sob análise rápida do direito e em decisão inapta ao alcance da coisa julgada material e com máculas ao devido processo legal.[6]

---

6 ZAVASCKI, Teori Albino. *Antecipação de tutela*, cit.

Essa medida legislativa tem o condão de evitar prejuízos maiores e coibir o uso desenfreado de medida que, ainda que importante e fundamental ao direito, é medida excepcional no processo.

No entanto, há ainda sopesamento a ser feito. Muito embora esse dispositivo legal sirva a inibição de eventuais abusos, visto que a tutela provisória é ponderação de interesses processuais constitucionais, sabe-se que existem tutelas provisórias antecipadas que, uma vez deferidas, são irreversíveis, como, por exemplo, a medida que determina a cirurgia cardíaca de um paciente.

Neste momento, ainda que, sob o aspecto da reversibilidade, ela se mostre irreversível faticamente, o que se pede aqui é a possibilidade de reversibilidade jurídica, o que sempre será possível acontecer.

Importante atentarmos para o fato de que é impossível fixar parâmetros rígidos à ponderação uma vez que sua serventia é no sentido de balancear os interesses em disputa em cada caso concreto, ainda que em discussão e em confronto objetos como a vida e o patrimônio. Por vezes este poderá ter pujança àquele, a depender do caso *sub examine.*

Se se imaginar, ainda, que, não do ponto de vista processual, mas do ponto de vista do direito material, qualquer ponderação de interesses entre vida e patrimônio tenderíamos à vida, se valeria do processo como instrumento de preservação do bem da vida e urge a determinação pela tutela provisória de urgência.

Teori Zavascki bem pontua o dilema:

> Na Justiça Federal, por exemplo, não são incomuns pedidos para liberação de mercadorias perecíveis, retidas na alfândega para exame sanitário que, por alguma razão (greve dos servidores, por exemplo), não é realizado. Nesses casos, a concessão liminar da tutela pedida compromete irremediavelmente o direito à segurança jurídica a que faz jus o demandado (liberada e comercializada a mercadoria, já não há mais que se falar em seu exame fitossanitário); seu indeferimento torna letra morta o direito à efetividade do processo, porque, deteriorando-se o produto, inútil será sua posterior liberação. Em casos dessa natureza, um dos direitos fundamentais colidentes será sacrificado, não por vontade do juiz, mas pela própria natureza das coisas. *Ad impossibilia nemo tenetur.* Caberá ao juiz, com redobrada prudência, ponderar adequadamente os bens e valores colidentes e tomar a decisão em favor dos que, em cada caso, puderem ser considerados prevalentes à luz do direito. A decisão que tomar, em tais circunstâncias, é, no plano dos fatos, mais que antecipação provisória; é concessão ou denegação de tutela em caráter definitivo.[7]

7 ZAVASCKI, Teori Albino. *Antecipação de tutela*, cit.

Dessa forma, os olhos ao *periculum in mora in reverso* devem estar atentos, mas jamais poderão ser inflexíveis quando diante de direito que, com sua materialização, com seu acontecimento, importe em irreversibilidade fática, eis que, se assim for, corre-se o risco de tornar letra morta o instituto da tutela provisória de urgência satisfativa.

Vale lembrar, por derradeiro, que o magistrado pode pretender diminuir os riscos de eventual irreversibilidade e seus prejuízos determinando o comprometimento quanto à caução, pelo que dispõe o art. 300, § 1º, do NCPC.

5.2. Forma de requerimento: incidental ou antecedente

A tutela provisória de urgência, pelo que dispõe o art. 294, parágrafo único, do NCPC, pode ser requerida de forma *antecedente* ou *incidental*.

Essa conceituação revela o momento em que fora requerida a tutela de urgência, tendo como referência quando fora requerido o pedido de tutela final, e somente as tutelas provisórias de urgência dispõem dessas duas espécies de momento, e isso por conta de sua característica de urgência, não havendo a possibilidade de ser antecedente a tutela provisória da evidência.

A tutela provisória de urgência incidental é aquela que mais rotineiramente acontece na *práxis* forense. É a que se desenvolve dentro do processo, como um incidente processual, e contemporânea ou posteriormente à tutela final, com o objetivo de antecipar os efeitos de eventual julgamento favorável ao requerente.

Se assim for, o requerimento poderá vir na própria petição inicial, na contestação, na petição que formaliza o requerimento de ingresso de terceiro, no parecer *ministerial*, em petição que instrumentaliza o recurso, como também poderá vir em petição intercorrente, oralmente, em alguma audiência, se de conciliação e mediação ou de instrução e julgamento, ou em sessão em tribunal.

Já a tutela provisória antecedente (arts. 303 e 304 do NCPC), *in casu*, se satisfativa – sistemática, ao menos nestes moldes, introduzida no NCPC[8] –, é petição simples e objetiva que, deflagrando o proces-

8 "(...) até o advento do CPC de 2015, o direito processual civil brasileiro desconhecia uma tutela antecipada *antecedente*, característica exclusiva da tutela cautelar. Aliás, era essa uma das diferenças objetivamente constatáveis entre aquelas duas formas de tutela e que justificava, até mesmo, a distinção feita, desde a teoria geral do processo, entre os 'processos de conhecimento', de 'execução' e 'cautelar'" (BUENO, Cássio Scarpinella. *Manual de direito processual civil*, cit., p. 258).

so, nos casos em que a urgência for contemporânea à propositura da ação, assim ao menos aponta o CPC, poderá limitar-se ao requerimento da tutela antecipada e à indicação do pedido de tutela final, com a exposição da lide, do direito que se busca realizar e do perigo de dano.

É requerimento, portanto, antes da formulação do pedido de tutela final e antes também de se discorrer acerca de todas as circunstâncias fáticas e jurídicas que consubstanciam o pedido de tutela definitiva. A sistemática é nova, então, no sentido de primeiro se fazer requerimento quanto aos efeitos da tutela definitiva e, depois, propriamente, se requerer a tutela definitiva.

O que justificará o requerimento do autor, obedecendo esta sistemática, é se a situação emergencial existia ao momento da propositura da ação e se a necessidade de se discorrer fática e juridicamente dando todo o entorno exigido ao pedido final comprometeria o direito atacado pela urgência. Se assim for, poderá fazer o requerimento, e este, deflagrando o processo, será de conhecimento do magistrado.

Quando a tutela antecipada for requerida de forma antecedente, portanto, deverá o autor apontar o pedido de tutela definitiva, expondo sumariamente sua causa de pedir, o perigo de dano e o direito que se busca realizar.

Como houve a deflagração do processo com esse tipo de requerimento, e ele é imprestável, como um todo, a sustentar o processo, porque não conseguiria expor à totalidade a causa de pedir e o pedido, a parte deverá voltar em momento outro a aditar ou emendar a petição inicial e, com isso, expor de modo completo, claro e acabado o pedido em definitivo, tendo como juízo competente para o recebimento da tutela no formato antecedente aquele mesmo juízo competente que, por certo, apreciaria o mérito da causa.

5.3. A tutela provisória de urgência antecipada em caráter antecedente

Caso a tutela provisória de urgência antecipada em caráter antecedente seja concedida, duas são as atitudes esperadas: o autor deverá aditar a petição inicial – em 15 dias ou em prazo maior que o juiz determinar –, complementando sua argumentação, juntando novos argumentos e confirmando o pedido de tutela final – vale lembrar que o aditamento será feito nos mesmos autos e sem a necessidade de novas custas; paralelamente, o réu será, então, citado para compor a relação processual e comparecer à audiência de conciliação ou de mediação, nos termos do art. 334, como também intimado da decisão interlocutória em seu desfavor.

Referida decisão interlocutória a antecipar os efeitos da tutela jurisdicional final poderá ser desafiada pelo réu, por Agravo de Instrumento, nos moldes do previsto no art. 1.015, I, do NCPC.

Se a tutela antecipada restar indeferida, visto que não havia elementos a evidenciar a probabilidade exigida, o autor será intimado para que, em 5 dias, emende a petição inicial, trazendo a complementação da sua causa de pedir e confirme seu pedido final, acostando, ainda, documentos que acredite servirão à demonstração de seu direito, sob pena de indeferimento desta e extinção do processo sem o exame do mérito, pelo que determina o § 6º do art. 303 do NCPC.

Importa dizer que a vinda do autor ao processo, em cinco dias, pelo que dispõe o art. 303, § 6º, do NCPC, pretendendo a emenda, é momento em que este deverá deduzir toda sua pretensão expondo toda a extensão de seu pedido e tudo aquilo que o fundamenta, porque ainda não o fez, não podendo ser visto esse momento como oportunidade outra para a vinda de novos documentos ou alegações a sustentarem a reconsideração e o deferimento da tutela provisória de urgência antecipada e antecedente.

Significa dizer, portanto, que, caso aconteça o indeferimento, qualquer concessão de tutela provisória de urgência antecipada somente ocorrerá de forma incidental, e não mais antecedente.

5.3.1. O microssistema das tutelas provisórias e a técnica de monitorização da tutela provisória de urgência antecipada antecedente

Como dito, o NCPC inova ao possibilitar que o demandante deduza requerimento pela antecipação de tutela de forma antecipada ao pedido de tutela final.

Sendo assim, duas serão as possibilidades imaginadas pelo Novo Código. A regra geral, por certo, deve ser a de que a tutela provisória de urgência antecipada, assim como quaisquer das tutelas provisórias, seja requerida de forma incidental ao processo.

No entanto, e se valendo da previsão do art. 303 do atual Código, caso a urgência seja tamanha a ponto de a elaboração da petição inicial, com todas as suas características e exigências de completude, comprometer o direito, há a possibilidade de o demandante, indicando que irá valer-se do § 5º do referido artigo, elaborar petição inicial mais simples, mais concisa, como anteriormente explanado, e esta servirá à deflagração do procedimento e importará em legítimo exercício do direito de ação.

Significa dizer, portanto, que, caso não seja possível ao autor elaborar a petição inicial nos moldes exigidos nos arts. 319, 320 e 321 do NCPC, poderá somente deduzir o requerimento da tutela provisória de urgência antecipada e, valendo-se do § 5º, requerer ao juiz oportunidade postergada para o aditamento, que deverá acontecer com o mínimo de 15 dias.

Ocorre que, neste momento, sustentamos interpretação outra ao § 5º do art. 303 do NCPC e, por isso, a criação de uma *microssistematização* a cuidar exclusivamente da tutela provisória de urgência antecipada e antecedente.

O Novo Código de Processo Civil, ao prever a possibilidade de se deflagrar o processo requerendo ao juiz a antecipação dos efeitos de eventual procedência do pedido final antes mesmo de se deduzir este pedido final, inovou por criar um microssistema que até então não se conhecia, muito embora seja parecido com algo que havia no procedimento da ação monitória, no vetusto Código de Processo Civil.

Como já mencionado, caso a urgência seja contemporânea à propositura da ação, poderá o autor distribuir a ação em petição que se limita ao requerimento da tutela antecipada pretendida, indicando o pedido de tutela final e expondo a lide e o direito que se busca realizar, junto com a demonstração de perigo de dano.

Nos moldes previstos no *caput* do art. 303 do NCPC, depois de deferida a tutela provisória antecipada antecedente, deverá o autor aditar a petição inicial, conforme prevê o art. 303, § 1º, I, do NCPC. Caso não aconteça o aditamento no prazo correspondente, o processo será extinto sem resolução do mérito (art. 303, § 2º, do NCPC) e, mais ainda, poderá o autor ser responsabilizado a indenizar o réu nos termos do art. 302, III, do NCPC, uma vez que teria havido cessação dos efeitos da tutela provisória de urgência até então deferida.

Vale dizer, ainda, que a responsabilização é tarefa facilitada àquele que pretende apurar o prejuízo, uma vez que deve se valer do procedimento da liquidação, nos mesmos autos, e seu acontecimento não dependerá da análise se, ao futuro, teria ou não o autor confirmada sua pretensão final em ação outra a ser proposta.

Está-se, como sabido, diante de responsabilidade processual civil objetiva e o dano restará evidenciado em virtude do fim dos efeitos da tutela antecipada até então deferida, o que importará em haver liquidação naqueles mesmos autos, com o fito de apurar o *quantum debeatur*, e a realização posterior do cumprimento de sentença.

Ao réu, citado para compor a relação processual e também para comparecer no primeiro ato processual de audiência de conciliação e mediação e também intimado da decisão interlocutória em seu desfavor, aduz o art. 304 do NCPC, caberá interpor agravo por instrumento, uma vez que, se assim não proceder, terá, contra si, a estabilização da tutela provisória de urgência outrora concedida. Mais ainda, o processo donde exsurge essa tutela provisória, agora estável, será extinto, conforme dispõe o § 1º do mesmo artigo.

E é ponto que merece algumas considerações.

Esse aditamento a ser realizado pelo autor, sem dúvida, é desdobramento de seu direito de ação anteriormente exercido quando da deflagração do processo com petição nos moldes do art. 303, *caput*, do NCPC. Ocorre que, sustentamos, de nada valerá esse aditamento caso o réu não interponha o recurso de agravo de instrumento, uma vez que o atuar negativo do demandado, sua inação, é o que traz consequências jurídicas ao processo: a extinção sem resolução de mérito, ainda que exsurja a estabilização da tutela provisória de urgência antecipada outrora deferida.

Em outras palavras, o exercício do direito de ação, constitucionalmente previsto, abstrato, livre de condicionantes, fora exercido dentro de uma sistemática nova, dentro de um novo microssistema que se atém somente a conhecer da tutela provisória de urgência antecipada e antecedente.

Dito de outra forma, temos, então, o seguinte e firmada a seguinte premissa: houve o deferimento da tutela provisória de urgência antecipada e antecedente. Nesta toada, duas são as tarefas, a dois personagens adversários: ao autor, caberá o aditamento, enquanto que ao réu caberá a interposição de agravo por instrumento. Se este assim não o fizer (o réu), aponta o CPC, os efeitos dessa tutela provisória serão mantidos, visto que estabilizados. Se aquele (o autor) não aditar, não somente faz, de pronto, a cessação dos efeitos da tutela provisória, o que ensejará hipótese legal de incidência quanto à responsabilização civil, como o processo será extinto sem resolução de mérito.

Não resta dúvida de que essa sistematização proposta pelo NCPC traz à baila aquilo há muito conhecido e já apontado neste estudo como juízo de *cognição parcial*,[9] haja vista que o próprio NCPC, no §

---

9 "A técnica da cognição parcial pode operar de dois modos: fixando o objeto litigioso ou estabelecendo os lindes da defesa (quando podemos lembrar a busca e apreensão do Decreto-lei 911/69). (...) Note-se que o estudo da legitimidade da restrição das alegações de defesa, através das regras instituidoras do procedimento, não se resolve à luz de uma concepção ligada exclusivamente à possibilidade de o réu contradizer as alegações do autor, exigindo uma visualização compreensiva

5º do art. 303, no capítulo referente à tutela antecipada requerida em caráter antecedente, aduz que deve o autor indicar, na petição que deflagra o processo – aquela em que somente se dispôs acerca do requerimento da tutela antecipada, da indicação do pedido definitivo, da exposição da lide e do direito que se busca –, que pretende valer-se do benefício previsto no *caput* deste artigo.

O caput do referido artigo dispõe que, "nos casos em que a urgência for contemporânea à propositura da ação, a petição inicial pode limitar-se ao requerimento da tutela antecipada e à indicação do pedido de tutela final, com a exposição da lide, do direito que se busca realizar e do perigo de dano ou do risco ao resultado útil do processo". Ora, o § 5º do citado artigo não é letra inútil.

Essa sistemática importa a seguinte razão. Ao autor, porque sua urgência era contemporânea à propositura da ação, trouxe o NCPC uma nova metodologia. Caso ele pretenda usufruir dos efeitos de eventual julgamento de procedência sem, no entanto, debater acerca do mérito da demanda, deverá indicar que assim pretende fazê-lo, nos moldes do § 5º do art. 303.

Feita essa indicação, pelo autor, ao réu e ao magistrado, é certo o seguinte recado: o aditamento poderá servir a duas hipóteses. A primeira será aquela em que, não havendo a interposição de agravo por instrumento pelo réu e a consequente extinção do processo sem resolução do mérito, o aditamento terá servido somente para a manutenção dos efeitos da tutela antecipada até então deferida, sem, no entanto, garantir a sobrevida do processo, visto que o procedimento chegou ao fim por conta da inação do réu em resposta ao caminho escolhido pelo autor, muito embora tenha agido o autor quando realizou o aditamento, mas este intentava somente a manutenção dos efeitos da tutela provisória; ou a segunda hipótese, caso o réu recorra da decisão, servirá o aditamento à manutenção dos efeitos da tutela provisória, mas sobretudo, permitirá efetivamente o debate acerca do mérito, pois o réu, quando interpõe o recurso competente, demonstra que pretende o debate acerca da matéria e busca para si a análise do mérito.

---

da racionalidade da inversão da oportunidade da alegação mediante ação autônoma. (...) Frise-se, no entanto, que a técnica da cognição parcial permite apenas a visualização dos procedimentos no sentido substantivo, tarefa que pode ser realizada, como já dito em outra ocasião, pela cláusula do *substantive due process* ou através do controle da constitucionalidade a partir dos direitos fundamentais" (MARINONI, Luiz Guilherme. *Antecipação de tutela*, cit.).

Em outras palavras, o que faz o referido parágrafo é uma mitigação do princípio da *primazia da tutela de mérito*, visto que dá às partes, autor e réu, a oportunidade de abrir mão dessa discussão em prol de uma solução que, a eles, melhor se amolda, muito embora não analise a questão de forma exauriente e tampouco se permita o alcance da coisa julgada.

O § 5º do art. 303 é uma *mensagem de boa-fé* ao demandado para que este saiba que, se ele, demandado, considerar que o autor tem razão em seu pleito, ainda que não se tenha discutido o mérito até este momento, ainda que a cognição seja sumária, poderá, caso não interponha o agravo por instrumento, fazer findar o processo ali, naquele momento, muito embora tenha havido o aditamento da petição inicial.[10]

Vale lembrar, inclusive, que os honorários sucumbenciais poderão também ser reduzidos pela metade (art. 90, § 4º c.c. art. 701, § 1º, todos do NCPC) e não haverá a necessidade de pagamento de custas processuais, o que demonstra o incentivo do próprio legislador quanto à brevidade dos processos.[11]

---

10 Imagine-se a seguinte situação, costumeira, aliás.
Determinado enfermo requer ao plano de saúde sua internação para tratamento médico e cirúrgico. O plano de saúde, administrativamente, nega o atendimento dizendo que não custeará o tratamento, pois não haveria cobertura contratual para tanto. Considere que a negativa do plano de saúde seja injusta. Sabe-se que a jurisprudência, nestes termos, determina a cobertura e há uma tendência muito grande de o magistrado que irá julgar essa demanda seguir o rumo de julgados anteriores. Com pressa e necessitando urgentemente do tratamento, o autor demanda, nos moldes do art. 303 do NCPC, e, pelo que dispõe seus parágrafos, sinaliza que irá se valer do procedimento previsto no § 5º do mesmo artigo. O plano de saúde, demandado, não interpõe recurso. O autor, por sua vez, adita a petição inicial e confirma o pedido.
Pelo que se imagina, o demandante, quando aponta que irá se valer da sistemática trazida pelo § 5º do art. 303 do NCPC, sinaliza ao réu que se ele, demandado, não pretender litigar, o desfecho do processo se dará ali, ainda que sem resolução do mérito, mas com a estabilização da tutela provisória até então deferida. É a conjugação de dois fatores, portanto: o autor apontará sua vontade, uma vez que se determina pelo § 5º do art. 303, e o réu não recorrerá da decisão por agravo de instrumento.
Significa dizer que, nestes moldes, não só o autor não precisaria mais conviver com processo que, a ele, chegou ao seu desfecho, visto que o bem da vida se exauriu, como também ambos não precisariam sofrer mais com o dispêndio econômico e o desgaste emocional tão comuns em processos judiciais.

11 Ver DIDIER JR., Fredie; BRAGA, Paula Sarno; OLIVEIRA, Rafael Alexandria de. *Curso de direito processual civil*, cit.

É possível a hipótese, ainda, de que o autor, quando retorne em aditamento, cumule pedidos, ou seja, não somente comfirmando a tutela final, como também deduzindo pedido outro, inovando por completo em procedimento já instaurado, mas inovação esta que em nada prejudicaria ao réu eis que seu momento de resposta ainda longe de acontecer.

Nestes moldes, acreditamos, deverá o magistrado extinguir, sem resolução do mérito, parte deste aditamento, aquele suportado pela sistemática do art. 303, § 5º, do NCPC, visto que não se pode recebê-lo, e receber o restante do aditamento condizente àquele pedido novo surgido com o aditamento da petição inicial e sobre o qual deverá prosseguir a demanda.

Ou seja, não há que se falar em limitação ao direito de ação, porque deflagrada a própria ação e, por opção do autor, sua sistematização é outra, que não a comum. Além disso, ainda que tenha o autor efetivamente anseio pela discussão quanto ao mérito, poderá propor ação a discuti-lo, mesmo que tenha escolhido de forma equivocada à época a microssistematização proposta. E, para o réu, se este pretender discutir o mérito, deverá agravar por instrumento, como determina o art. 304 do NCPC. [12]

O que se cria obstáculo é que, pela sistemática introduzida pelo § 5º do art. 303 do NCPC, não há que se falar em possibilidade de discussão acerca do mérito em mesmo local e momento em que já se

12 Discordamos de posição outra: "Se, no prazo de recurso, o réu não interpõe, mas resolve *antecipar* o protocolo da sua defesa, fica afastada a sua inércia, o que impede a estabilização – afinal, se contesta a tutela antecipada e a própria tutela definitiva, o juiz terá que dar seguimento ao processo para aprofundar sua cognição e decidir se mantém a decisão antecipatória ou não. Não se pode negar ao réu o direito a uma prestação jurisdicional de mérito definitiva, com aptidão para a coisa julgada" (DIDIER JR., Fredie; BRAGA, Paula Sarno; OLIVEIRA, Rafael Alexandria de. *Curso de direito processual civil*, cit., p. 609). Assim também Cássio Scarpinella Bueno: "A melhor resposta, penso, ao menos por ora, é a de aceitar a interpretação ampliativa do texto do *caput* do art. 304. Qualquer manifestação expressa do réu em sentido contrário à tutela antecipada em seu desfavor deve ser compreendida no sentido de inviabilizar a incidência do art. 304. (...) A corroborar o acerto desse entendimento, está o inciso I do art. 303 a exigir do autor a emenda da petição inicial quando a tutela provisória for concedida, *independentemente* de saber se o réu recorrerá, deixará de fazê-lo ou assumirá qualquer outro comportamento após suas regulares citações e intimações. Nesse sentido, o benefício do § 5º do art. 303 o atrai para a hipótese da estabilização do art. 304 porque, em última análise, aquele benefício mostra-se inócuo no que diz respeito à elaboração da petição inicia" (BUENO, Cássio Scarpinella. *Manual de direito processual civil*, cit., p. 262).

discutiu a antecipação dos efeitos da tutela jurisdicional, sobretudo porque não seria esperado pelo réu que não agravou por instrumento.

De outro jeito, caso o autor tenha deflagrado o processo se valendo do art. 303, *caput*, do NCPC, sem, no entanto, mencionar o § 5º do mesmo artigo, saberá o demandado que deve agravar por instrumento e, mesmo que não o faça, o aditamento da petição inicial – que é condição *sine qua non* não para a sobrevida do processo, mas, antes disso, para a sobrevida da tutela provisória satisfativa – será recebido e o procedimento continuará tomando seu regular trâmite.

Quaisquer interpretações no sentido de que poderia o réu, pretendendo a sobrevida do processo, adiantar a sua defesa e dirigir ao juízo de primeiro grau sua contestatação, ou até mesmo proceder a simples petição insistindo na manutenção do processo, muito embora não tenha interposto o recurso específico é leitura fora dos parâmetros estabelecidos pelo Novo CPC.

Em outras palavras, caso o autor opte pela sistemática da tutela provisória de urgência antecipada e antecedente, terá ele dois caminhos possíveis: escolher a sistemática nova, nomeada como *microssistema da tutela provisória de urgência antecipada antecedente*, ou, então, a sistemática da *tutela provisória de urgência antecipada antecedente.*

Sustentamos que, se se pretender o desfecho o quanto antes do processo sem que haja vontade quanto à discussão de mérito, o demandante, desde que aponte a previsão legal do art. 303, *caput*, c.c. § 5º, todos do NCPC, dará ao demandado a certeza de que, caso este não interponha agravo de instrumento, ainda que aconteça o aditamento da petição inicial, mesmo com a cumulação de pedido, aquilo que não fora objeto de insurgência recursal não mais será discutido naquele procedimento.

Ou então, caso pretenda o autor se valer do instrumento da tutela provisória de urgência antecipada antecedente, sem, no entanto, mencionar que irá se valer desse benefício – leia-se, do procedimento previsto neste *microssistema* –, poderá o réu agravar por instrumento, como sempre pôde, mas, ainda que não agrave, isto não importará em extinção do processo sem resolução do mérito, mas somente preclusão e estabilidade da tutela antecipada deferida, o que também sempre aconteceu, visto que o aditamento da petição inicial acontecerá, assim como seu recebimento, e o processo seguirá seu curso regularmente.

Dessa forma, pois, o § 5º do art. 303 do Código autoriza que a parte opte ou não pela incidência do art. 304 – a estabilização – e sua não indicação não poderá ensejar a determinação de emenda à inicial, na forma do art. 321 do NCPC. A toda sorte, é necessário que o magistrado aponte, no mandado de intimação, a sistemática a ser atentada pelo réu, sobre isso não podemos olvidar.

Esse microssistema é novo e, pugnamos, deve ser visto com bons olhos no sentido de satisfação de ambas as partes em prazo breve, com menor gasto, menor aborrecimento e absoluta satisfação, ao menos para aquilo que pretendiam inicialmente uma vez que, em grande maioria dos casos, o pleito, inclusive, teve seu exaurimento.

Caso alguma das partes veja, ainda assim ou em momento outro, necessidade de debate acerca do mérito em que houve a antecipação dos efeitos da tutela jurisdicional, nada obsta que proponha a ação para sua discussão.

O debate acerca do mérito desta ação, seus efeitos, o prazo, assim como a estabilização da tutela provisória de urgência antecipada antecedente, acontecerá em capítulo seguinte.

5.4. A autonomia e a estabilidade da tutela de urgência antecipada e antecedente

Aduz o art. 304 do NCPC que a tutela antecipada, concedida nos termos do art. 303 – nos casos em que a urgência é contemporânea à propositura da ação –, torna-se estável se da decisão que a conceder não for interposto o respectivo recurso – agravo de instrumento, art. 1.015, I, do NCPC – e, mais ainda, o processo será extinto.

Vale dizer que a estabilização da tutela antecipada antecedente somente acontecerá em primeiro grau, logo, o recurso a que o art. 304 faz referência somente poder ser o de agravo de instrumento. [13]

Muito embora a sistemática desse procedimento, apontado no § 5º do art. 303 do NCPC, seja nova, a estabilização da tutela antecipada não é novidade em nosso ordenamento jurídico.

A Lei 9.079/1995, ao introduzir a *ação monitória* no vetusto CPC, em seu art. 1.102-A,[14] já previa esse tipo de hipótese, por isso dizer que o previsto hoje no art. 303 do NCPC nada mais é do que aquilo já previsto no CPC revogado quanto à técnica de monitorização de nosso sistema processual.

---

13 Importante ressaltar o Enunciado 421 do Fórum Permanente de Processualistas Civil com o qual concordamos: (arts. 304 e 969) "Não cabe estabilização de tutela antecipada em ação rescisória".

14 "Art. 1.102-A. A ação monitória compete a quem pretender, com base em prova escrita sem eficácia de título executivo, pagamento de soma em dinheiro, entrega de coisa fungível ou de determinado bem móvel".

No CPC/1973, quando da ação monitória, se estivesse a petição inicial devidamente instruída, com base em prova escrita, ainda que sem eficácia de título executivo, caberia ao juiz deferir de plano a expedição do mandado de pagamento ou de entrega de coisa no prazo de 15 dias.[15]

Caso o réu, uma vez citado, oferecesse embargos, estaria ali instaurado o procedimento ordinário para debate, em cognição exauriente, acerca daquilo que pretendia o autor, suspendendo a eficácia do mandado inicial.

Se os embargos não fossem oferecidos no prazo legal, o título, agora, seria executivo, estaria perfeito, e o mandado inicial seria substituído por mandado executivo. Se o réu cumprisse o mandado executivo, imaginou o Código revogado com o intuito de incentivar o réu, ficaria, ainda, isento de custas e honorários advocatícios.

No NCPC a estabilização da tutela antecipada acontece, assim como a eficácia executiva da ação monitória fazia, diante da inércia do réu em não interpor *agravo por instrumento*, fazendo, inclusive, com que este processo seja extinto sem resolução de mérito. Essa decisão interlocutória, uma vez estabilizada, irá produzir efeitos até que outra demanda seja proposta.

Forçoso ressaltar que qualquer ampliação no sentido de possibilitar que outros instrumentos, além do agravo de instrumento, possam servir a evitar a estabilização da tutela concedida, como a suspensão da liminar ou a contestação, permitiria leitura em sentido contrário daquilo que prevê expressamente o art. 304 quando menciona a necessidade de interposição do respectivo recurso. E assim deve ser entendido porque se imaginarmos qualquer outro tipo de intervenção pelo réu esta se dará em requerimento que não mais será antecedente, mas incidental ao processo.

O que fez o NCPC foi se valer da *técnica de monitorização*, antes restrita à ação monitória, e generalizá-la ao procedimento comum. Enquanto no CPC/1973 era de uso restrito em um procedimento especial nomeado como *ação monitória*, o demandante, no atual Código, poderá se valer dessa técnica sempre que sua urgência for contemporânea à propositura da ação.

15 "Art. 1.102-B. Estando a petição inicial devidamente instruída, o juiz deferirá de plano a expedição do mandado de pagamento ou de entrega da coisa no prazo de quinze dias".

A referida estabilização tem inspiração no Direito Italiano, na sistemática da *tutela sumária*, em contraponto à tutela de *cognição plena*.[16] Nesta sistemática pretende-se afastar dois tipos de perigo: *infruttuositá* - perigo de provimento infrutífero - e *tardivitá* - perigo de provimento tardio, ou tutelas não satisfativas e tutelas satisfativas.

No Direito francês é conhecido como *référé*, instituto datado de 1685, em *Châtelet de Paris* tendo sido inserido em 1806 no Código de Processo.[17] Muito embora aquilo que positivamos tenha suas peculiaridades a nos afastar consideravelmente deste instituto. No Direito francês, o *référé* é autônomo, como pode ser o nosso, eis que a tutela de urgência naquele país ocorre em procedimento marcado pela sumariedade.

Ainda há previsão legal no atual Código de Processo Civil quanto à *ação monitória* (arts. 700 a 702 do NCPC), inclusive tendo sido ampliada, não se cingindo apenas ao *pagamento de quantia* ou *entrega de coisa*, como outrora, mas se estende também às prestações de *fazer e não fazer* e em face da Fazenda Pública.

5.4.1. Os requisitos legais para a estabilização

Uma vez deferida a *tutela provisória de urgência antecipada e antecedente*, deverá o autor, em 15 dias ou em prazo maior que o juiz fixar, aditar a petição inicial nos mesmos autos. Caso assim não proceda o autor, o processo será extinto sem resolução do mérito e a tutela provisória até então deferida cessará seus efeitos.

De outro turno, deverá o réu, depois de convocado a compor o processo e notificado da decisão interlocutória em seu desfavor, agravar por instrumento, pois, caso assim não proceda, o processo também será extinto sem resolução do mérito, mas com a diferença de que a tutela provisória conservará seus efeitos. Ressaltamos que a necessidade é quanto à simples interposição, não dependendo do conhecimento ou eventual provimento do respectivo recurso.

No entanto, para que a estabilização dos efeitos da tutela antecipada ocorra, estabelece o NCPC alguns requisitos:

i) há necessidade de urgência contemporânea à propositura da ação e a petição inicial que deflagra o procedimento deve ser nos moldes do art. 303 do NCPC, pois, do contrário, será emendada;

16 Ver DENTI, Vittorio. *La giustizia civile*. Bologna: Il Mulino, 2004.

17 Ver PAIM, Gustavo Bohrer. O référé francês. *Revista de Processo*, v. 203, jan. 2012.

deverá o autor indicar que pretende se valer do benefício estampado no *caput* do art. 303, pelo que dispõe o § 5º do mesmo artigo;

ii) deverá haver decisão deferindo a tutela provisória de urgência antecipada e antecedente;

iii) deverá o autor aditar a petição inicial no prazo legal ou fixado pelo juiz para fim de conservação da tutela provisória concedida;

iv) o réu, seu litisconsorte ou assistente não podem ter agravado por instrumento;

v) o magistrado, quando da extinção do feito, deve fazer menção expressa acerca da manutenção da continuidade dos efeitos da tutela provisória de urgência antecipada e antecedente.

Se os requisitos forem preenchidos, a situação, tanto para o autor quanto para o réu, é favorável. Na maioria dos casos, uma vez deferida a tutela antecipada, nela própria, terá havido o exaurimento do bem da vida buscado em juízo, portanto, para o autor, houve brevidade de um procedimento, e sua continuidade não teria serventia alguma ao demandante. Ao réu que concorda e não recorre por agravo de instrumento (ou ainda que tenha recorrido parcialmente), terá havido o encerramento do processo de imediato, o que significa, objetivamente, menor prejuízo financeiro, o que se revela como verdadeiro estímulo à inercia, à não insurgência.[18]

Vale lembrar, e isto será objeto de estudo adiante, que a tutela provisória, uma vez estabilizada, poderá ser revista, reformada ou invalidada por ação autônoma, nos moldes do § 2º do art. 304 do NCPC.

A decisão que se pretende estabilizada pode ter sido proferida *inaudita autera parte* com base em prova documental ou verossimilhança das alegações ou após justificação prévia. Não há qualquer diferença.

E, por fim, vele ressaltar o Enunciado 32 do Fórum Permanente de Processualistas Civis, do qual concordamos, acerca da possibilidade de as partes acordarem sobre a estabilização da tutela antecipada e antecedente dentro daquilo que se acostumou chamar de *negócios*

18 Questão relevante levantada por Didier Jr.: "Questão interessante é saber se a decisão que concede a tutela antecipada apenas *parcialmente* tem aptidão para a estabilização. Parece-nos que sim: ela tem aptidão para a estabilização justamente na parte em que atendeu ao pedido provisório do autor. Neste caso, sobrevindo a inércia do réu, estabilizam-se os efeitos apenas desse capítulo decisório, prosseguindo-se a discussão quanto ao restante" (DIDIER JR., Fredie; BRAGA, Paula Sarno; OLIVEIRA, Rafael Alexandria de. *Curso de direito processual civil*, cit., p. 608).

jurídicos processuais: "Além da hipótese prevista no art. 304, é possível a estabilização expressamente negociada da tutela antecipada de urgência satisfativa antecedente".

5.4.2. *A estabilização da tutela provisória de urgência antecipada antecedente e a coisa julgada*

A tutela provisória, pela disciplina do Novo Código de Processo Civil, é gênero que comporta como espécies a tutela provisória da evidência e a tutela provisória da urgência. Esta determina, ainda, duas espécies, a tutela provisória da urgência cautelar e a tutela provisória da urgência antecipada.

A tutela provisória da urgência é o único tipo que comporta o formato de requerimento *antecedente*, sendo que a tutela provisória da urgência antecipada antecedente é, exclusivamente, aquela que se estabiliza.[19]

O art. 304 do NCPC assim determina quanto à estabilização da tutela antecipada antecedente caso não haja a interposição do recurso de agravo de instrumento. Não há que se falar em estabilização em segundo grau de jurisdição caso não tenha havido a interposição, por exemplo, do agravo interno.

Essa estabilidade, sem dúvida, cuida da necessária preservação dos efeitos de decisão não impugnada e, agora, sob o signo da preclusão.

Portanto, se, depois de transcorrido o lapso de tempo necessário à interposição do agravo de instrumento, não houver, por parte do demandado, nenhum ato instrumentalizado em recurso que importe em insurgência à decisão, esta precluirá, sendo, pois, tida como estável.

O que significa dizer que, ainda que haja demanda autônoma, esta jamais poderá pretender cassar, reformar ou modificar os efeitos da decisão se o *fumus boni iuris* e o *periculum in mora* ainda se mantiverem, até que se discuta e resolva o mérito, sob pena de que, se assim fosse possível, haveria verdadeiro alargamento quanto à hipótese que seria aventada no recurso pertinente e não o foi ao seu tempo.

Dessa forma, a estabilidade aqui referendada somente será objeto de nova discussão em ação autônoma, e sua reforma, modificação ou cassação somente acontecerá caso o mérito possa ter sido objeto de debate pelas partes e cognição exauriente do magistrado e, claro, sendo-lhe desfavorável.

---

19 Compreendo a opção do legislador em não ter incluído na regra da estabilização a tutela cautelar, afinal, essa espécie de tutela provisória de urgência tem natureza meramente conservativa, criando uma nova situação fática diferente daquela que seria criada com o acolhimento da pretensão do autor (NEVES, Daniel Amorim Assumpção. *Manual de direito processual civil*, cit., p. 449).

Em outras palavras, a estabilização da tutela provisória de urgência antecipada e antecedente nada mais é do que o indicativo de manutenção dos efeitos da tutela provisória de urgência antecipada, tendo em vista que, contra seu deferimento, não houve a interposição do recurso adequado no local e momento próprios, somente podendo ser revista, agora, em momento e local outros, como em ação autônoma e em tempo não superior a dois anos contados da ciência da decisão que extinguiu o processo.

Vale dizer que deveremos ter cuidado com a observância quanto ao prazo quando diante de obrigações periódicas uma vez que, porque periódicas, este prazo estaria renovado de tempo em tempo. É o mesmo tipo de tratamento dado à Ação Rescisória prevista no art. 505, I, do CPC, em que nenhum juiz decidirá novamente as questões já decididas relativas à mesma lide, salvo, tratando-se de relação jurídica de trato continuado, sobrevier modificação no estado de fato ou de direito, caso em que a parte poderá pedir a revisão daquilo anteriormente estatuído.

Além disso, ao que nos parece, é insofismável a certeza de que os institutos da estabilização e da coisa julgada não se confundem.

Não houve julgamento suficiente à aptidão da decisão como coisa julgada e, além disso, como já debatido anteriormente, a qualidade de *coisa julgada* recai sobre o conteúdo da decisão, e não sobre seus efeitos, fora, claro, o argumento de que, neste momento, jamais houve cognição exauriente sobre a matéria, o que, por si só, já inviabilizaria o alcance da coisa julgada, nem poderia o autor extrair, dessa decisão estabilizada, algum "efeito positivo" da coisa julgada.

A única característica que se aproxima da coisa julgada, muito embora continue ainda sendo bem diferente, é que essa estabilização é o tipo de preclusão que, assim como a coisa julgada, tem seus efeitos extrapolando do processo.

Dito isto, não há que se falar em Ação Rescisória, ainda que ultrapassados os dois anos para a propositura de ação que intente rever, reformar ou invalidar os efeitos da decisão interlocutória estabilizada sem que esta tenha sido proposta.

5.5. Ação de impugnação ou confirmação da decisão estabilizada e o prazo para a sua propositura

Estabilizada a tutela provisória de urgência antecipada antecedente, haja vista não ter havido a interposição do recurso competente, aponta o § 2º do art. 304 do NCPC que poderão, quaisquer das partes, demandar a outra com o intuito de rever, reformar ou invalidar a tutela antecipada estabilizada.

Determina também o Novo Código de Processo Civil que esse direito de rever, reformar ou invalidar extingue-se após 2 anos, a serem contados a partir da ciência da extinção do processo.

Em primeiro lugar, cabe esclarecer que essa nova demanda pode significar qualquer pretensão de direito material, seja pelo autor ou réu da demanda primeira, a ensejar a discussão de mérito que, frise-se, ainda não houve.

Em segundo lugar, este prazo de dois anos para o ajuizamento da ação de conhecimento em nada atingirá os prazos prescricionais e decadenciais do direito material que continuarão com suas previsões próprias. Mas isso não faz de sua disposição coisa sem serventia. O prazo de dois anos fixado, portanto, serve como limite à discussão acerca da possibilidade de revisão, reforma ou invalidação da medida anteriormente concedida.

Alguns apontamentos são feitos a esse dispositivo no sentido de que não deveria

> ser elogiado porque ao mesmo tempo que dá legitimidade ativa para ambas as partes do processo extinto em razão da estabilização da tutela antecipada, prevê que esse processo se presta a rever, reformar ou invalidar a tutela antecipada estabilizada. Exatamente qual seria o interesse do autor, satisfeito no plano prático em razão da tutela antecipada concedida e estabilizada, ao pretender rever, reformar ou invalidar tal medida?[20]

Muito embora o mencionado dispositivo tenha infeliz redação, não há como negar o interesse do autor nessa nova demanda. Não só porque se está lidando com princípio processual caro, como a *primazia da tutela de mérito*,[21] mas porque ao autor há interesse na propositura dessa nova ação caso ele pretenda a tutela definitiva e que, porque em cognição exauriente, estaria apta ao trânsito em julgado, sem que com isso pretenda, neste momento, a reforma, invalidação ou modificação dos efeitos da tutela provisória. Por isso a legitimidade para ambos, e não somente para o réu da demanda primeira.

20 NEVES, Daniel Amorim Assumpção. *Manual de direito processual civil*, cit., p. 456.

21 "Art. 4º As partes têm o direito de obter em prazo razoável a solução integral do mérito, incluída a atividade satisfativa".

A mudança de paradigma, frise-se, é significativa, uma vez que no CPC/1973 o ônus de dar prosseguimento ao procedimento era do autor. Com o CPC/2015, no caso da tutela provisória de urgência antecipada antecedente, esse ônus é transferido ao réu, ou seja, a distribuição do ônus do tempo do processo é coisa a recair sobre as costas do demandado neste momento.

A referida ação, seja por qual legitimado for, terá como juízo prevento, por conta dos critérios de fixação de competência funcional, o mesmo juízo que concedeu a tutela antecipada e antecedente. Referido processo tramitará pelo procedimento comum e terá seu desfecho em sentença que, caso conheça do mérito, poderá confirmar, rever, reformar ou invalidar a decisão interlocutória anterior, nos moldes do previsto no art. 304, § 3º, do NCPC.

Muito se discute se nessa nova ação poderia haver, durante seu processamento, valendo-se também do instrumento da *tutela provisória*, a revisão, reforma ou invalidação da decisão anterior estabilizada.

A Escola Nacional de Formação e Aperfeiçoamento de Magistrados – ENFAM, em enunciado recente de n. 26, assim propôs:

> Caso a demanda destinada a rever, reformar ou invalidar a tutela antecipada estabilizada seja ajuizada tempestivamente, poderá ser deferida em caráter liminar a antecipação dos efeitos da revisão, reforma ou invalidação pretendida, na forma do art. 296, parágrafo único, do CPC/2015, desde que demonstrada a existência de outros elementos que ilidam os fundamentos da decisão anterior.

E parcela da doutrina também acredita que nessa "ação, como em qualquer outra, será cabível a concessão de tutela provisória, desde que preenchidos os requisitos, para que cessem imediatamente os efeitos da tutela antecipada estabilizada".[22]

Ao que nos parece, esse tipo de posicionamento é *contra legem*. O Código de Processo Civil de 2015 é bastante claro no § 3º, nos seguintes termos: "A tutela antecipada conservará seus efeitos enquanto não revista, reformada ou invalidada por decisão de mérito proferida na ação de que trata o § 2º".

Além disso, àqueles que eventualmente questionem a constitucionalidade de nova tutela provisória de urgência revogar, rever ou invalidar tutela provisória estabilizada, nos parece que a resposta é singela: ao prejudicado foi dada oportunidade de insurgência por

---

22 NEVES, Daniel Amorim Assumpção. *Manual de direito processual civil*, cit., p. 457.

intermédio do agravo, e, inerte, não o fez. Além disso, há, por outro lado, a necessidade de se garantir maior segurança jurídica à decisão estável, ainda que provisória.[23]

No entanto, não fechamos os olhos à possível proliferação de Mandado de Segurança a questionar decisões acerca do art. 304, § 3º, do CPC que, se interpretado restritivamente, para alguns, seria inconstitucional. Além disso, haveria, ainda, como argumento, o fato de que é comum, em Ação Rescisória, a concessão de liminar a afastar a produção de efeitos de decisão transitada em julgado. Se assim acontece neste tipo de ação e a decisão é sob o signo da coisa julgada, porque não acontecer com aquela que, muito embora estável, jamais atingiria a indiscutibilidade?

No entanto, privilegiou o legislador quanto à necessidade de decisão de mérito a alterar os efeitos da tutela provisória de urgência antecipada e antecedente em detrimento de nova tutela provisória de urgência.

Em outras palavras, a tutela provisória é assim chamada porque conserva seus efeitos até que outra decisão a reveja, reforme ou invalide. Acontece que o legislador, especificamente quanto à tutela provisória de urgência antecipada e antecedente, criou sistemática particular da estabilidade.

Agindo dessa forma, por opção legislativa, somente decisão posterior e de mérito poderá, na ação autônoma, pretender rever, reformar ou invalidar a decisão concessiva da tutela provisória de urgência antecipada e antecedente estabilizada.

Portanto, esta ação autônoma terá um juízo prevento, e, quando manejada pelo beneficiário da tutela provisória deferida, terá o condão de não somente debater o mérito, mas também de confirmar a tutela antecipada. Para o prejudicado com o deferimento dessa decisão interlocutória, essa nova demanda terá a serventia de, uma vez discutido o mérito, jamais em nova decisão interlocutória, rever, reformar ou invalidar os efeitos da decisão anterior.

Nos parece que assim agiu o legislador em virtude da perda de oportunidade daquele que sofre com a tutela antecipada antecedente. Uma vez deferida a tutela provisória, a parte que momentaneamente sofre o prejuízo disporia de prazo de 15 dias para a discussão

23 Note que aqui acreditamos ser impossível que outra tutela provisória de urgência antecipada possa rever, revogar ou modificar, diferentemente da tutela de evidência que acreditamos na possibilidade de operar estes efeitos. Ocorre que este trabalho não cuida da tutela da evidência e, por isso, optamos por não tratar deste assunto em específico.

acerca do preenchimento ou não dos requisitos processuais autorizativos à tutela provisória.

No entanto, quando assim não procede, preclui. Caso se permitisse, em momento outro, ainda que com novas razões quanto à *probabilidade* e o *periculum in mora*, se estaria tocando em matéria que somente sofreria revés em tempo e pelo instrumento próprios, 15 dias e pelo agravo, se instrumento ou regimental, mas que atingida pela preclusão.

Ou seja, a perda da oportunidade em debater os requisitos processuais atinentes à tutela provisória de urgência antecipada e antecedente faz com que essa discussão somente possa ser renovada quando a decisão de mérito for favorável, procedendo-se, então, à sua reforma, revisão ou invalidação, do contrário, haverá a manutenção e perpetuação dos efeitos da tutela provisória outrora concedida e agora confirmada.

5.6. A superestabilidade e a coisa julgada em ações propostas em prazo superior a dois anos da ciência da decisão que extinguiu o processo

Ainda sobre a sistemática de estabilidade e a pretensão em rever, reformar ou invalidar os efeitos da tutela antecipada, dispõe o § 5º do art. 303 que o direito à alteração quanto à eficácia da tutela provisória antecipada extingue-se após dois anos contados da ciência da decisão que extinguiu o processo.

Importante frisar a atecnia do legislador em se valer do termo *extinção* quando se refere ao direito da parte em propor ação.

O mencionado parágrafo assim remanesce escrito: "O direito de rever, reformar ou invalidar a tutela antecipada, previsto no § 2º deste artigo, extingue-se após 2 (dois) anos, contados da ciência da decisão que extinguiu o processo, nos termos do § 1º".

Quando se fala em extinção de um direito, nestes moldes, dá a impressão, visto que é costumeira essa ideia em nosso ordenamento, de fazer a prazo *decadencial*, e que, se assim fosse, daria ensejo à perda do direito de ação, o que não pode ocorrer em hipótese alguma.[24]

24 Imagine-se a seguinte hipótese. Somente à guisa de ilustração: XXX, saindo para trabalhar em sua motocicleta, choca-se, frontalmente, com um carro estacionado na rua em que trabalha. Muito machucado, vai para casa. Sua esposa, preocupada e acreditando ser possível, liga para um corretor de seguros e, com ele, via e-mail, realiza a contratação de um plano de saúde. O corretor é bem claro e avisa: a ca-

O que quis o legislador se referir, a bem da verdade, foi à perda de momento para o debate quanto aos efeitos e às possibilidades de modificação no transcurso do processo de conhecimento.

Outro ponto precisa ficar indissoluvelmente claro. Não há que se falar, em hipótese alguma, em trânsito em julgado.

Já não era possível falar em trânsito em julgado quando da perda da oportunidade em agravar por instrumento e da consequente estabilização da tutela provisória, como também não é possível falar em trânsito em julgado neste momento, mesmo que passados dois anos. E não tem cabimento, não em virtude do transcurso ou não do tempo, mas, como dito, justamente porque não houve cognição exauriente, muito embora, frise-se, a estabilização da tutela provisória seja de eficácia *extraprocessual*, e também porque se entende que o instituto da coisa julgada é de índole político-legislativa e, pelo que dispõe o NCPC, não será hipótese.

Em outras palavras, diante de razões há muito assentadas doutrinariamente, optou o legislador, e nos parece ter sido o melhor caminho, em reafirmar a inaptidão ao trânsito em julgado:

---

rência para emergências é de somente 24hs da data de assinatura do contrato. XXX e sua esposa, no dia seguinte, optam por um dos hospitais da rede credenciada e se dirigem até lá em busca de atendimento. O médico que lhes atende, experiente em traumas, reconhece que a lesão de XXX não é recente e, por isso, diz não poder aceitar a cobertura do plano de saúde. Naquela mesma manhã, muito antes ainda do início dos trabalhos forenses, XXX requer, em sede de plantão judiciário, a tutela provisória de urgência antecipada antecedente em caráter liminar. Para tanto, mentiu em suas alegações com relação à data do acidente aduzindo que este ocorrera naquela manhã. O magistrado, acreditando pela plausibilidade e verossimilhança, e constatando o perigo de dano, defere a tutela provisória e o cumprimento de imediato por oficial de justiça. Citado e intimado, o plano de saúde não agrava, o que acarreta a estabilização da tutela antecipada e a consequente extinção do processo sem resolução do mérito. Mais ainda, o plano de saúde também não propõe a ação dentro do prazo previsto de dois anos. No entanto, pretende discutir a fraude havida contra o seguro e responsabilizar XXX pelo prejuízo causado em virtude de todo o tratamento indevido recebido por ele.
Não há como se imaginar que esse prazo possa ser decadencial e, com isso, retirar do plano de saúde sua pretensão em responsabilizar XXX pelos prejuízos de ordem material efetivamente sofridos. Não somente porque nunca houve a discussão quanto a *merecer* ou não o tratamento, uma vez que o debate se deu sob institutos eminentemente processuais, sem, contudo, haver debate acerca da pretensão de direito material, bem como, se decadencial fosse, estaria o Novo Código de Processo Civil esbarrando e, com isso, diminuindo o prazo prescricional que atua contra o plano de saúde e de previsão no Código Civil, no art. 206, § 3º, V, que é de três anos.

> Art. 304. (...)
> § 6º A decisão que concede a tutela não fará coisa julgada, mas a estabilidade dos respectivos efeitos só será afastada por decisão que a revir, reformar ou invalidar, proferida em ação ajuizada por uma das partes, nos termos do § 2º deste artigo.

Dessa forma, portanto, tanto o autor quanto o réu poderão, a qualquer tempo, propor ação que pretenda o exaurimento cognitivo acerca da pretensão material de um deles. O único controle que se faz, não em relação à propositura da ação, mas acerca de seu desfecho em *improcedência liminar*, é quanto à possibilidade de o direito material, com o passar do tempo, ser alcançado pela prescrição.

Assim, nos parece que o legislador pretendeu criar obstáculo quanto à possibilidade de revisão, reforma ou invalidação com uma simples decisão de mérito.

Enquanto tempestiva a propositura da ação, dispõe-se que, muito embora não pudesse haver a revisão, reforma ou invalidação por outra decisão que tivesse a qualidade de também ser provisória, poderia haver alteração daquela decisão interlocutória estabilizada com o advento de outra, desde que houvesse a resolução do mérito, nos moldes do § 3º do art. 304.

No entanto, o legislador, agora, criou uma segunda hipótese e mais tardia: muito embora a ação possa ser proposta, porque há a possibilidade, mesmo que após os dois anos, de discussão acerca do mérito, a resolução deste, pura e simplesmente, já não seria mais suficiente à reforma, revisão ou invalidação.

Para que seja possível a alteração dos efeitos da decisão interlocutória estabilizada há mais de dois anos, necessário é que haja decisão meritória com trânsito em julgado. Se não fosse assim, o legislador não teria imaginado o prazo de dois anos para a propositura da ação com o fito de alterar os efeitos da tutela provisória estabilizada.

Dessa forma, muito embora não haja possibilidade de se chegar ao trânsito em julgado, assim como também não é possível uma decisão de mérito, somente, rever, reformar ou invalidar a tutela provisória estabilizada há mais de dois anos, nos parece crível que somente depois do trânsito em julgado material possa ser possível a alteração quanto aos efeitos da tutela provisória de urgência antecipada e antecedente nos moldes do § 5º do art. 304. E, caso isso aconteça, poderá aquele que sofreu prejuízo, ainda, instaurar procedimento de liquidação para apurar as perdas e os danos.

Em outras palavras, há um escalonamento de qualidade em direção ao trânsito em julgado, muito embora este, propriamente, jamais possa ser alcançado. A tutela provisória, uma vez deferida e não sofrendo ataques por intermédio de recurso próprio, tende à estabilidade. Significa, portanto, que se valeram autor e réu do *microssistema* da tutela provisória de urgência antecipada e antecedente.

No entanto, ainda é possível, a um destes, e agora somente nos importa o réu, demandar para, então, discutir o mérito.

Essa discussão acerca da pretensão do direito material não encontra obstáculos, a não ser o prazo prescricional delineado pela lei substantiva.

A ação proposta no prazo de dois anos da extinção do processo em que se estabilizara a decisão interlocutória é procedimento que pretende, por certo, a discussão de mérito e, quando esta houver, dois serão os resultados possíveis: ou confirmará a tutela provisória ou procederá à sua reforma, revisão ou invalidação. Para isso, bastará a primeira decisão acerca do mérito: a sentença.

Acontece que, passados dois anos e ainda sendo possível o debate quanto à pretensão do direito material, uma vez proposta a ação, este procedimento, ainda que resulte em resolução do mérito e este não se mostrando no mesmo caminho a confirmar a tutela antecipada, somente há que se falar em reforma, revisão e invalidação da tutela provisória após o trânsito em julgado desta decisão de mérito, criando o legislador uma espécie de *superestabilidade* à tutela provisória de urgência antecipada antecedente.

A leitura nos parece nestes moldes, visto que deve haver maior grau de segurança jurídica entre a decisão interlocutória estabilizada e a decisão interlocutória que, mesmo depois de estabilizada, não sofreu nenhum ataque em prazo inferior a dois anos.

6

A TUTELA PROVISÓRIA DE URGÊNCIA CAUTELAR

A tutela definitiva, como se sabe, é aquela ocorrida após intenso diálogo entre as partes e o magistrado, sob o crivo do contraditório e do devido processo legal, e, em respeito à segurança jurídica, é também apta a atingir a coisa julgada. A tutela definitiva pode ter a característica de ser satisfativa ou cautelar.

A tutela cautelar, objeto de estudo neste momento, pautada por características como a referibilidade e a temporariedade, tem, como objetivo maior, possibilitar a efetivação do provimento final satisfativo, por isso sua dependência e lugar no tempo.

É a tutela cautelar suficiente a prevenir a ação humana ou a ação do tempo que podem ser nefastos à fruição do direito material e sua necessária efetividade. Em outras palavras, a tutela cautelar é tutela ao direito material que precisa ser assegurado.

No entanto, muito embora sirva como instrumento de preservação do direito material perseguido, a tutela cautelar não tem como característica, e nem poderia, realizar a transferência de patrimônio entre esferas jurídicas, e justamente por isso dizemos ser *não satisfativa*.

Vale lembrar também, muito embora tenha sido objeto de estudo anteriormente, a tutela cautelar cessa sua eficácia quando as circunstâncias que ensejaram seu deferimento não mais existirem ou quando o jurisdicionado já dispuser da tutela satisfativa definitiva.

Continuamos a fazer essa distinção eis que aquilo que é temporário não é provisório, ainda que o Código de Processo Civil tenha assim feito sua definição. Aquilo que é temporário, como dito, não tende a ser substituído por nada, simplesmente se extingue, se exaure, tendente à definitividade.

Além disso, a demanda cautelar, por óbvio, também possui causa de pedir e pedido. Ao jurisdicionado também cabe a narração da circunstância fática e jurídica e, ao final, aquilo que se pleiteia: o sequestro, o arresto, arrolamento de bens e o registro de protesto contra alienação de bem ou qualquer outra medida idônea para asseguração do direito.

Determinou o NCPC que a tutela cautelar viesse exposta na mesma petição inicial daquilo que até então chamávamos de pedido principal e que agora, mais tecnicamente, passamos a chamar de pedido satisfativo. Portanto, a peça vestibular, com estrutura nos arts. 319 e seguintes do CPC, versará em um dos seus capítulos acerca do pedido satisfativo – aquele bem da vida perseguido pelo jurisdicionado – e em outro capítulo do pedido cautelar – serviente a assegurar a efetividade daquele.

Acontece que, como nos é comum, dadas algumas circunstâncias, haverá a necessidade de antecipação dos efeitos da tutela jurisdicional final, seja ela cautelar ou satisfativa. Se a necessidade de antecipação dos efeitos se der concernente ao pedido satisfativo, duas serão as técnicas processuais possíveis: a tutela provisória de urgência antecipada ou a tutela provisória da evidência. Se, no entanto, a necessidade de se antecipar os efeitos tiver ligação com o pedido cautelar, a técnica processual própria é a tutela provisória de urgência cautelar.

De outra forma, podemos imaginar a situação em que Antonio é credor de José em R$ 200.000,00 (duzentos mil reais). Para isso, propõe uma ação de cobrança em face de José, e é este seu pedido satisfativo. Acontece que Antonio tem a notícia de que José tem alienado seus bens para frustrar futuro pagamento em cumprimento de sentença. Antonio, então, quando da propositura da inicial, cumula pedidos: o pedido satisfativo (a cobrança de R$ 200.000,00) e o pedido cautelar (de arresto).

Mas, além disso, se Antonio tiver que aguardar todo o desenrolar dos atos processuais para somente com a sentença passar a usufruir do arresto, possivelmente haverá perda do resultado útil do processo.

Dessa forma, Antonio requererá ao juiz a antecipação de um dos efeitos do arresto, por exemplo, a indisponibilidade dos bens de José, se valendo do instrumento de adiantamento de efeitos da sentença chamado tutela provisória de urgência cautelar.

Ao final, após cognição exauriente da cautelar – tutela definitiva não satisfativa – o jurisdicionado terá a confirmação e análise do mérito da tutela cautelar. Por isso dizer, inclusive, que a decisão meritória na tutela cautelar não mais sujeita a recurso é apta a também transitar em julgado, nos mesmos moldes daquilo que acontece com o pedido satisfativo.

6.1. Pressupostos gerais e específicos

A tutela provisória de urgência pode ser satisfativa - chamada de antecipada - ou cautelar. Ambas perfazem os requisitos da probabilidade e também, como o nome mesmo diz, da urgência. Em outras palavras, requisitos como *fumus boni iuris* e *periculum im mora.*

A probabilidade do direito nada mais é senão a plausibilidade da existência desse mesmo direito - não é direito a ser discutido no pleito satisfativo -, se existem ou não elementos que o evidenciam e, para isso, o magistrado irá avaliar a narrativa daquele que o requer, se ela é, em si, verossimilhante, robusta, consistente, ou se há prova daquilo que se alega. É aquilo conhecido há muito como *fumus boni iuris* - fumaça do bom direito.

Para a tutela provisória de urgência cautelar há a necessidade, portanto, de se imaginar se aquilo alegado, se de fato acontecesse, comprometeria ou não a fruição do direito material, comprometeria ou não a efetividade do processo.

Importante, ainda, ao requisito da probabilidade, a aferição quanto à legitimidade. Deve coincidir a legitimidade entre requerente e requerido com o autor e réu a discutirem o pedido satisfativo, ou, ainda que assim não seja, que haja relação jurídica comprovada entre as partes envolvidas na medida cautelar e aquelas que irão debater o pedido satisfativo. Há necessidade, portanto, de idêntica legitimidade ou qualquer outra relação jurídica existente entre eles que não a legitimidade.

Já o requisito da urgência em nada tem a ver com a demora que nos é costumeira em todos os Tribunais de qualquer estado da federação, até mesmo porque, se assim fosse, todos os jurisdicionados teriam, em si, o requisito tido como perfeito. Há aqui a necessidade de se dispor de elementos que evidenciam o perigo da demora do préstimo jurisdicional à comprometer efetividade do processo.

O *periculum in mora* se resta caracterizado quando, sob a análise do magistrado acerca da ação humana ou da ação do tempo, estas comprometem ou não a efetividade do processo. Haverá a necessidade de se imaginar se o comportamento humano, especialmente o da outra parte adversária, mas também podendo ser de terceiros, podem, por si, comprometerem o direito material do requerente da medida, ou se as agruras do tempo, sozinhas, seriam capazes de fazê-lo.

Pensando assim, deverá o magistrado avaliar se a utilidade do processo se vê ou não acometida neste momento, e, para isso, deverá levar em conta o perigo concreto e não aquele que é subjetivo e poderia ser percebido apenas pelo requerente porque ele supostamente conhece a parte adversária, sabe de seus hábitos, sabe que postura ela tomaria, ou coisa do tipo.

Além do receio concreto há também a necessidade que o perigo seja atual, iminente, para que então o requisito *periculum im mora* se veja perfeito ao seu deferimento.

6.2. Espécies de tutela cautelar e o Poder Geral de Cautela

6.2.1. Arresto

O arresto, assim como todas as espécies de tutela cautelar, encontra previsão legal no art. 301 do CPC, e caracteriza-se por ser modalidade de tutela cautelar a tornar indisponíveis os bens do devedor a fim de garantir futura execução por quantia certa. Nesta espécie não há a preocupação com bens individualizáveis, mas sim, com o valor patrimonial que aquele bem exprime e se é possível de ser arrestado – para isso é importante levarmos em conta se, por exemplo, aquele bem sofreria com a penhora ou se se viria dela protegido. Serão arrestados, portanto, tantos bens quantos forem necessários para a futura execução por quantia certa desde que possam, ao final, também sofrerem com a penhora.

6.2.2. Sequestro

É espécie de tutela cautelar a individualizar um bem e torná-lo indisponível a fim de garantir futura execução. Diferentemente do arresto, o sequestro atenta para a coisa individualizada, por isso dizer que no arresto o bem é infungível, no sentido de servir somente aquele bem, exclusivamente.

Agora, uma nota é importante. Devemos lembrar que a fungibilidade ou infungiiblidade é característica que se dá por conta da essência do bem, como um quadro de um pintor famoso, ou acontece por vontade das partes que escolhem por aquele bem ser insubstituível, como uma cédula de dinheiro que, por vontade das partes, tendo sido reconhecida seu número de série, escolhem especialmente aquela cédula de dinheiro e, por isso, a tornam infungível.

6.2.3. Arrolamento de bens

A tutela cautelar de arrolamento de bens é medida preventiva a funcionar junto a pedidos satisfativos que pretendem a partilha de bens. Por isso é comum nas ações de família, nas ações empresariais e etc.

É instrumento de grande serventia haja vista que irá acautelar bens que se encontram em co-propriedade ou ainda que em propriedade exclusiva de alguém, ou até mesmo em posse de uma das partes, quando outrem prentenda parcela ou a integralidade desse bem eis que conjunta ou exclusivamente seria seu titular ou sobre ele eventualmente exerceria o domínio, até que o pedido satisfativo chegue ao exaurimento e decida o magistrado se há o que partilhar e quanto a cada um caberá a partilha dos bens.

6.2.4. Registro de protesto contra alienação de bem

A averbação, no registro competente, de protesto contra alienação de bem é espécie de tutela cautelar e tem serventia pela necessidade em dar ciência do protesto a terceiros, quem sabe prevenindo litígios ou prejuízos com a aquisição do bem protestado uma vez que serve como advertência aos futuros e eventuais pretendentes o que resguardaria os interesses não somente destes, como também do credor/autor da tutela cautelar.

6.2.5. Poder Geral de Cautela

O Novo CPC, assim como fazia o código revogado, em seu art. 798, estabeleceu, no art. 301, *in fine,* aquilo que há muito encontra nome uníssono na doutrina como o *Poder Geral de Cautela.*

O legislador, examinando as circunstâncias fáticas que com mais costume se repetem pretendeu tipificá-las não somente dando nome como também fazendo previsão legal sobre suas hipóteses.

No Novo Código, diferentemente do revogado, foram estipuladas quatro tipos de tutelas cautelares especificamente, como acima estudamos. O que se imagina, pois, é que sejam de maior importância ou relevância social, ou, ainda, que mais se repitam no dia a dia forense, por isso a necessidade de talhar nomes a cada uma delas.

Acontece que, por certo, o legislador não se faz onipresente em todas as situações tampouco conseguiria imaginar todas as circunstâncias fáticas que exsurgiriam a fim de guardar previsão legal expressa e específica para cada uma delas.

Deste modo, e certo que outras tantas circunstâncias também merecem guarida da tutela jurisdicional, o art. 301 do CPC termina com técnica que permite ao magistrado, diante do caso concreto, sempre que nenhuma das tutelas cautelares a ele não se amoldarem, determinar a medida que lhe parecer mais conveniente e oportuna ao deslinde.

Desta forma, as medidas cautelares que guardam previsão legal são chamadas de *medidas cautelares nomidadas* ou *típicas* enquanto que as medidas cautelares determinadas que não possuam previsão legal expressa quanto ao seu *nomem iuris* passam a ser chamadas de *medidas cautelares inominadas* ou *atípicas*.

O que fez o art. 301 do Novo CPC, mantendo aquilo que já havia no código de 73, foi permitir ao magistrado, ainda que sem previsão legal expressa quanto à espécie de tutela cautelar, que este pudesse garantir o resultado útil do processo e, assim, resguardar o direito fundamental à tutela jurisdicional efetiva.

6.3. Forma de requerimento: incidental ou antecedente

6.3.1. A tutela provisória de urgência cautelar em caráter antecedente

A tutela provisória de urgência cautelar em caráter antecedente é aquela que irá deflagrar o processo.

O Novo CPC, diferentemente do CPC revogado, como sabemos, não fez do pedido cautelar um processo autônomo, em apenso ao processo que costumávamos chamar de principal. Agora, o processo comporta, ao mesmo tempo e no mesmo procedimento, o pedido satisfativo e o pedido cautelar, lembrando que, ambos, tendem a se tornar definitivos.

Sendo assim, o mais comum é que a petição inicial exponha as circunstâncias fáticas e jurídicas de ambos os pedidos, o satisfativo e o cautelar, e estes sejam julgados dentro daquele mesmo procedimento e, no mais das vezes, ao mesmo tempo e na mesma sentença (excetuando-se as hipóteses de julgamento conforme o estado do processo do pedido cautelar).

Acontece que, por vezes, dada a urgência e o iminente perigo de perda da utilidade do processo, há a necessidade imediata de consecução da proteção cautelar e, após acautelado, passaria então o autor a expor o pedido satisfativo e iniciar, de fato, seu debate.

Desta forma, manteve o novel legislador a possibilidade de deflagração de processo apenas com o requerimento cautelar e a ele dá-se o nome de tutela provisória de urgência cautelar em caráter antecedente.

O que este procedimento busca é adiantar provisoriamente os efeitos da tutela definitiva cautelar ao passo que também assegura a efetividade da tutela satisfativa definitiva.

A disciplina própria a este tipo de requerimento está no art. 305 e seguintes do CPC e, por certo, tem início com a redação da petição inicial. Referida petição deve obedecer os requisitos do art. 319, em consonância com o artigo acima mencionado, fazendo com que o merecedor da medida exponha o requerimento quanto à concessão da tutela provisória de urgência cautelar em caráter antecedente, assim como indique a lide e seu fundamento, e também disserte acerca do *fumus boni iuris* e do *periculum in mora.*

Tendo em vista que se trata de uma petição inicial como outra qualquer, o requerente da medida deve estar atento às regras de fixação de competência, assim como também deve expor seu requerimento de maneira clara e precisa – sob pena de sua inicial ser inepta – uma vez que esta peça irá passar por um crivo de admissibilidade que pode culminar, se positivo, no seu recebimento, mas, se negativo, na determinação da emenda da petição inicial (art. 321 do CPC).

Caso o vício apontado pelo magistrado persista, o juiz irá indeferir a petição inicial nos termos do art. 330 do CPC e extinguir o processo sem resolução de mérito fazendo com que o autor tenha que interpor recurso de apelação com pedido de reconsideração ao juízo sentenciante.

Além disso, assunto que é pouco comentado, mas fundamental e merece toda atenção, também poderá o magistrado receber a petição inicial, uma vez que os requisitos formais encontram-se satisfeitos, mas, no entanto, julgar improcedente liminar o pedido cautelar nas hipóteses do art. 332 ou, especificamente quanto à prescrição e decadência, julgar também improcedente liminarmente o pedido satisfativo.

Uma vez recebida a petição inicial e não sendo motivo de julgamento liminar de improcedência, caso entenda o magistrado que o pedido tem natureza antecipada, e não cautelar, seguirá o trâmite do art. 303 do CPC. Se o autor tiver acerto e seu requerimento for cautelar deverá o juiz de pronto decidir, deferindo ou não a medida, e determinando a citação – para que venha compor a relação jurídico processual – e intimação do réu – para que tenha a ciência exata do conteúdo da decisão e, se lhe afeta, interponha o respectivo recurso de agravo por instrumento.

Caso o réu, uma vez citado, não conteste o pedido nem indique provas em 5 (cinco) dias, restará configurada a revelia e os fatos alegados pelo autor presumir-se-ão aceitos pelo réu como ocorridos (art. 344 do CPC), o que culminará em uma sentença a resolver o pleito cautelar (art. 307 do CPC) tendo o magistrado 5 (cinco) dias para tanto.

Se contestado o pedido no prazo legal estipulado, a partir daí, será observado o procedimento comum (art. 307, parágrafo único do CPC).

Caso tenha havido o deferimento da tutela provisória de urgência cautelar em caráter antecedente, após sua efetivação, terá o autor o prazo de 30 (trinta) dias para apresentar nos mesmos autos, sem a necessidade de novas custas, o pedido satisfativo com todas as suas circunsâncias fátivas e jurídicas e o pedido cautelar, haja vista que, até aqui, a exposição quanto a este foi sumária (art. 308, parágrafos primeiro e segundo do CPC).

Apresentado o pedido principal (satisfativo), seguindo o curso do procedimento comum, as partes serão intimadas para a audiência de conciliação ou de mediação, na forma do art. 334 do CPC, por seus advogados ou pessoalmente, sem necessidade de citação do réu (art. 308, parágrafo terceiro do CPC).

Caso não haja autocomposição o prazo para contestação será contado na forma do art. 335 do CPC.

O art. 309 do CPC traz hipóteses em que a parte que sofre com a medida cautelar em seu desfavor terá, para si, a cessação dos efeitos da cautelar: quando o autor não deduzir no prazo legal o pedido principal; quando a tutela cautelar não for efetivada, por culpa do autor, em trinta dias; quando o juiz julgar improcedente o pedido principal formulado pelo autor ou extinguir o processo sem resolução do mérito.

Uma vez cessada a eficácia da medida cautelar por quaisquer dos motivos apontados o autor não poderá renovar o pleito cautelar salvo sob novo fundamento (art. 309, parágrafo único do CPC) como também o indeferimento da tutela cautelar não obsta a que a parte formule o pedido principal, nem infui no julgamento desse, salvo se o motivo do indeferimento for o reconhecimento de decadência ou prescrição (art. 310 do CPC).

6.3.2. A tutela provisória de urgência cautelar em caráter incidental

A tutela provisória de urgência cautelar em caráter incidental é aquela que poderá acontecer porque formulada na petição inicial que contenha os pedidos finais, satisfativo e cautelar, ou poderá acontecer ao longo do processo, a qualquer tempo e qualquer grau de jurisdição desde que, para isso, o requerente da medida tenha necessidade e preencha os requisitos para a antecipação dos efeitos da tutela jurisdicional cautelar devendo, então, seguir o rito do procedimento comum.

Aquilo que a distingue, portanto, da tutela cautelar antecedente, é o fato de que seu requerimento tem o marco temporal idêntico ao da petição inicial ou acontece depois da deflagração do processo, mas nunca antes dele, por isso o nome incidental.

7

A TUTELA PROVISÓRIA DA EVIDÊNCIA

O art. 311 do CPC trata da *tutela provisória da evidência* e disciplina suas possibilidades de acontecimento e, inclusive, as hipóteses de seu requerimento em caráter liminar, ou seja, sem a oitiva da outra parte, normalmente o réu, mas também o autor ou mesmo um terceiro interveniente.

Antes mesmo de nos debruçarmos sobre o tema, algumas considerações são importantes acerca do nome escolhido para esta espécie, uma vez que, sem sombra de dúvidas, leva o operador do direito a uma falsa ideia sobre aquilo para o que se presta este instrumento.

O nome "evidência", ao leitor mais apressado, nos parece infeliz, uma vez que é comum usarmos este tipo de expressão para definirmos aquilo que nos é claro, que nos é clarevidente, o que sempre trouxe consigo uma ideia de certeza. Se estamos diante de técnica processual de adiantamento de efeitos, sob o signo da cognição sumária e pelo prisma da probabilidade, é equivocado o nome "evidência" aquilo que poderá sofrer modificação, por isso deveríamos falar em tutela da probabilidade, o que nos parece mais acertado e técnico, ao invés da tutela da evidência.

Feitas estas considerações, a primeira característica que salta aos olhos é o fato de que esta tutela, diferentemente das outras espécies já estudadas, prescinde da urgência como requisito. Nao ha aqui a necessidade de demonstração do perigo de dano ou do risco ao resultado útil do processo, ou aquilo que comumente se fala em *periculum in mora.*

O Novo CPC não fez previsão da tutela da evidência somente em caráter geral, o fez também em alguns dos procedimentos especiais, assim como fazia no código revogado, como nas ações possessórias (art. 562), na ação monitória (art. 700) e nos embargos de terceiro (art. 678). Em outras palavras, o requerente da medida deve contar apenas com o requisito da "probabilidade" do direito a seu favor, diferentemente das tutelas provisórias da urgência em que há a necessidade não somente da probabilidade, como também do perigo de dano ou risco à efetividade do processo.

No entanto, como ao requerente somente é exigido o requisito da probabilidade, o legislador foi com ele mais exigente, e fez com que este pressuposto viesse atrelado a algumas características, tais como a existência de atitude da outra parte que, de alguma forma, atente contra o devido processo legal; a existência de súmula vinculante; pedidos de trato reipersecutório e etc.

Acontece que alguns autores, o que nos parece equivocado, têm conceituado a tutela provisória da evidência como aquela medida onde o requerente dispõe de direito *mais provável* que seu adversário. Ora, assim como era impossível graduarmos a urgência, principalmente com a possibilidade da tutela provisória de urgência antecipada antecedente, não há que se falar em diferentes níveis de probabilidade, sob pena até mesmo de atentarmos contra a essência da tutela provisória que é a impossibilidade de discussão meritória, haja vista a cognição sumária como característica.

Aquilo que imaginou o legislador foi a possibilidade de se antecipar os efeitos do provimento final a alguém que, de forma exclusiva, demonstra ter seu direito provável em detrimento de outro alguém que não faz este tipo de demonstração. Por isso, é possível o deferimento da tutela provisória da evidência, por exemplo, àquele que sofre com o abuso do direito de defesa ou o manifesto propósito protelatório da parte, uma vez que a ideia geral é a de que só procrastina o processo aquele que sabe que deve sofrer com seu resultado, logo, não disporia de probabilidade a combater a tese de seu adversário. Ou, de outra forma, aquele que apresenta alegações que podem ser corroboradas documentalmente e que, a seu favor, haja tese firmada em julgamento de casos repetitivos.

Portanto, a análise, neste momento, continua sendo, como sempre foi, sumária. O que significa dizer que ao magistrado não é dada a oportunidade de adentrar o mérito, a essência da prova, o contexto das alegações, o confronto de suas questões de fundo e etc. Isto é, se houver prova formalmente capaz de convencer o magistrado e alegações que se coadunam, a título de exemplo, com súmula vinculante, a tutela provisória da evidência deverá ser deferida.

Em outras palavras, o que fez o Novo CPC foi dar uma maior dinâmica aos processos, ao passo que os sustenta desde que haja tese jurídica viável ao debate entre seus adversários, o que afastaria a possibilidade da concessão da tutela da evidência. Do contrário, ausente a referida tese jurídica, deve o procedimento adiantar àquele que dispõe de probabilidade – e não de maior em detrimento de menor probabilidade – os efeitos práticos da tutela jurisdicional.

O novo processo civil não se vê mais acomodado como o era o CPC anterior em permitir a pessoas que não pretendem o processo como instrumento de materialização do seu direito, mas de procrastinação ou adiamento do direito de outrem.

Anteriormente, aquele que se contrapunha detidamente ao que pretendia a outra parte impugnando especificamente tudo aquilo pelo outro requerido não somente afastava-se da revelia como também fazia com que este processo caminhasse até o exaurimento de suas provas e a prolação da decisão final uma vez que o pedido e a causa de pedir expostos por um tinha encontrado no outro controvérsia, mesmo que a tese jurídica ou a argumentação utilizada por este não guardasse o mínimo de respaldo doutrinário ou jurisprudencial.

Agora, nos vemos diante de uma nova dinâmica, por nós tão festejada e comentada em sala de aula: ainda que o outro seja cuidadoso o suficiente a impugnar especificamente aquilo argumentado pela parte – seja autor ou réu – mesmo que consiga se afastar da revelia, a tutela provisória da evidência fez com que se exigisse deste algo a mais que somente impugnar, exigiu deste qualidade argumentativa ou probatória.

Significa, portanto, que a probabilidade, neste momento, estará do lado daquele que se vale do processo para seu fim máximo que é o de persecução do direito material, e não com o intuito deliberado de retardar a fruição do direito pela outra parte a quem o aproveita. Em outras palavras, a tutela da evidência fez o óbvio, corrigindo um desvio comportamental, onde aquele que não se vale do processo para discussão razoável de seu direito, mas intenta retardar esse momento se valendo do rito natural do procedimento, cumprir a obrigação de imediato, antes mesmo do exaurimento da instrução probatória.

7.1. Hipóteses de tutela provisória da evidência

7.1.1. Quando ficar caracterizado oabuso do direito de defesa ou o manifesto propósito protelatório da parte

A primeira hipótese trazida pelo art. 311 do CPC já nos é conhecida eis que o código revogado fazia menção a ela, nos exatos termos, em seu art. 273, inciso II. No CPC anterior esta hipótese era tratada pela doutrina como *tutela antecipada sancionatória* ou *tutela antecipada sanção.*

Referida espécie deve ser vista em conjunto com as demais componentes do rol do art. 311 e deve ser lida a contrário senso, ou seja, ainda que a parte não disponha, em seu favor, de provas documentais a corroborarem suas alegações, ainda que não haja tese firmada em julgamentos repetitivos ou súmula vinculante, ainda que não se trata de pedido reipersecutório e ainda que tenha havido a produção de prova capaz de gerar dúvida razoável, deve o juiz deferir a medida e antecipar a frução dos efeitos da tutela jurisdicional final sempre que uma das partes fizer do processo uma seara à procrastinação da persecução do direito da outra parte.

Sempre que o exagero em direito que, a princípio, lhe parecia regular, puder, de alguma forma, atentar ao devido processo legal à outra parte revelando verdadeiro abuso do direito de defesa ou o manifesto propósito protelatório. E o raciocínio é singelo: nada pior para aquele que pretende retardar o desenrolar comum do procedimento do que sofrer com os efeitos da decisão final de forma imediata, além de se mostrar muito mais efetivo do que normalmente se pleiteia com a litigância de má-fé.

É tutela que pune aquele que compromete a celeridade do feito e, faltando com a lealdade que deveria ser inerente à conduta, impoe obstáculos ao trâmite regular do procedimento, seja em que momento ou instância estiver, quando retem os autos por tempo exagerado, quando cria obstáculos à produção de prova, quando fornece endereço errado para o cumprimento de diligências ou intimações etc. Este momento, sem dúvida, é aquele onde o juiz irá distribuir o ônus do tempo do processo, que até então somente era sentido e percebido pelo autor, também ao réu ou a outra parte que, de forma desidiosa, compromete os atos processuais a seu tempo.

Desta maneira, antecipando os efeitos do provimento jurisdicional final o processo ainda mais lento é custoso, agora, à outra parte.

Por conta de as expressões "abuso do direito de defesa" e o "manifesto propósito protelatório" serem expressões abertas, indeterminadas, mais dificultosa será a tarefa do magistrado em validamente fundamentar sua decisão nos moldes daquilo imposto pelo art. 489, parágrafo primeiro do CPC.

É de bom tom o Enunciado n. 34 do Fórum Permanente de Processualistas Civis: "considera-se abusiva a defesa da Administração Pública, sempre que contrariar entendimento coincidente com orientação vinculante firmada no âmbito administrativo do próprio ente público, consolidada em manifestação, parecer ou súmula administrativa, salvo se demonstrar a existência de distinção ou da necessidade de superação do entendimento".

7.1.2. Quando as alegações de fato puderem ser comprovadas apenas documentalmente e houver tese firmada em julgamento de casos repetitivos ou em súmula vinculante

Nesta hipótese, se uma das partes tiver seu direito assentado em tese anteriormente discutida e decidida fruto de julgamento de casos repetitivos - Incidente de Resolução de Demandas Repetitivas, Assunção de Competência, Recurso Extraordinário e Recurso Especial Repetitivos - e suas alegações dispuserem de prova documental formalmente válida deverá o magistrado deferir a medida pleiteada.

De outro modo, é tutela provisória que necessita do preenchimento de dois pressupostos, um fático e o outro de direito, respecitivamente, prova das alegações de fato e a probabilidade.

Quando sugerimos prova documental formalmente válida estamos repisando a ideia de que, por exemplo, pode haver vício quanto à questão de fundo da prova, por exemplo, em um contrato que tenha havido coação. A discussão quanto ter havido ou não coação é discussão a acontecer em momento posterior uma vez que se o contrato, formalmente, responde às características que lhe são impostas pela lei, há probabilidade àquele que se beneficia do contrato.

Assim que houver a prova no processo de que houve constrangimento e uma das partes, sem que fosse assim, jamais teria assinado o contrato, deverá o juiz revogar a medida até então deferida e caberá a parte, se for o caso, apurar perdas e danos.

Mais uma vez, não pretendeu o legislador aferir qual das partes dispõe de maior grau de probabilidade, mas sim quem dispõe de probabilidade em detrimento daquele que não tem a seu favor probabilidade alguma, mas singelas argumentações que sequer são capazes de inaugurar controvérsia razoável.

Forçoso é que a parte que requer a tutela provisória nesta espécie terá a mesma tarefa que o magistrado em decidir quando se vê diante da imposição do art. 489, parágrafo primeiro, inciso IV, CPC, onde cabe a ele identificar as razões de decidir para a hipótese de aplicação do julgado.

7.1.3. Quando se tratar de pedido reipersecutório fundado em prova documental adequada do contrato de depósito, caso em que será decretada a ordem de entrega do objeto custodiado, sob cominação de multa.

Neste momento, o legislador, excluindo o procedimento especial do depósito e fazendo seu tratamento ao procedimento geral, tratou deste tipo de obrigação havida entre as partes e que a outra, de alguma forma, não a cumpre de forma esperada. Ações reipersecutórias são aquelas em que o autor reivindica um bem ou um direito que a ele pertence mas que, por algum motivo, não está sob sua posse direta neste momento.

Se houver prova documental adequada deste contrato, o juiz, de forma liminar inclusive, determinar a entrega do objeto custodiado se valendo dos poderes trazidos pelo art. 139, IV, do CPC. O que importa, portanto, que é pressuposto fundamental para o deferimento da tutela provisória da evidência nesta espécie haver alegações de fato que são corroboradas por prova documental específica a demonstrar o depósito.

7.1.4. Quando a petição inicial for instruída com prova documental suficiente dos fatos constitutivos do direito do autor, a que o réu não oponha prova capaz de gerar dúvida razoável

O último inciso do art. 311 do CPC encerra a discussão que se fez até aqui sobre gradação da probabilidade. O que dispos este inciso foi sobre a possbilidade do juiz deferir a tutela provisória da evidência diante da hipótese do autor ofertar provas que sustentam suas alegações e o réu não as contrapor de modo eficaz também com outras provas exclusivamente documentais.

Referido dispositivo obriga ao réu não somente ter feito a impugnação especificada da causa de pedir e do pedido do autor como também o obriga a trazer prova suficiente a fazer nascer a controversia que somente poderia ser resolvida com a identificação do ponto sobre o qual controvertem as partes e então determinar, quem sabe, a produção de outra prova, a dirimir tal dúvida. Se assim acontecer, não poderá o juiz conceder a tutela provisória da evidência e o processo continuará seguindo seu trâmite normal onde autor e réu somente ao final saberão de seu resultado.

Do contrário, se o réu não opuser provas capazes de gerar dúvida razoável, deverá o magistrado adiantar os efeitos do provimento final ao autor.

Vale frisar que a dúvida do magistrado que somente será expurgada com a produção de prova a dirimir a controvérsia nos leva ao exaurimento e, portanto, a deicão não será mais provisória, mas definitiva. De outro modo, se o magistrado defere a tutela provisória da evidência acreditando que a outra parte não produziu prova sufuciente à sustentar minimamente suas argumentações, ele não estará, neste momento, analisando o mérito e sua decisão não é definitiva. Esta somente acontecerá e terá o feitio de decisão definitiva se houver controvérsia suficiente e esta tiver que ser resolvida com a produção de outra prova a ser determinada pelo magistrado.

7.2. Momento de concessão da tutela provisória da evidência e os reais motivos para seu requerimento

A Tutela Provisória da Evidência, assim como qualquer outra tutela provisória, terá seu requerimento, análise e julgamento a qualquer tempo no processo e em qualquer grau de jurisdição. Assim acontece também com as hipóteses de revogação, reforma ou invalidação, mas estas desde que haja o acontecimento de hipótese jurídica ou fática novas.

Então, como regra geral, haja vista a necessária observância ao princípio do contraditório, poderá o magistrado antecipar os efeitos da tutela jurisdicional e deferir a tutela provisória da evidência a qualquer tempo desde que tenha dado a outra parte prévia oportunidade manifestação.

No entanto, de acordo com aquilo previsto no inciso II, parágrafo único do art. 9 do CPC, possibilitou o legislador que a tutela da evidência pudesse ser deferida em caráter liminar nas hipóteses dos incisos II e III, quais sejam, quando as alegações de fato puderem ser comprovadas apenas documentalmente e houver tese firmada em julgamento de casos repetitivos ou em súmula vinculante e quando se tratar de pedido reipersecutório fundado em prova documental adequada do contrato de depósito, caso em que será decretada a ordem de entrega do objeto custodiado, sob cominação de multa.

Como é sabido, em nossa sistemática geral, as sentenças são ato jurisdicionais ineficazes haja vista que o recurso de apelação, também como regra geral, será recebido em seu duplo efeito, devolutivo e suspensivo, *ex vi* art. 1.012, parágrafo primeiro do CPC. Neste contexto a tutela provisória da evidência ganha sua faceta mais efetiva e, a nosso juízo, mais interessante ao processo, uma vez que ela permitirá, desde que concedida, a fruição dos efeitos da sentença em execução provisória, muito embora pendente recurso de apelação, eis que, uma vez deferida e confirmada, este recurso somente será recebido no efeito devolutivo (art. 1.012, parágrafo primeiro, inciso V do CPC).

Portanto, na *praxis* forense a tutela provisória da evidência tem ainda mais valia se o beneficiário da medida conseguir, ainda na fase de conhecimento, imaginar a execução e conseguir se autodeterminar se esta lhe interessa de maneira provisória desde a sentença ou somente após a prolação de eventual acórdão fruto da interposição do recurso de apelação.

ALGUNS COMENTÁRIOS

1. O Direito Processual Civil deve ser encarado como instrumento de promoção das garantias individuais, seja com o intento de preservar determinada situação jurídica, seja intencionando restabelecer alguma condição. Nesse sentido o préstimo estatal da entrega da tutela jurisdicional deve acontecer a contento e em prazo razoável como também deve haver a exata medida de sua efetividade.

2. A técnica processual nomeada como *tutela provisória* tem suas raízes fundantes em preceitos constitucionais como a efetividade do processo e sua duração razoável. Tanto é assim que a tutela provisória é cotejada sob o signo da sumariedade, o que, inclusive, faz a necessidade de, em momento posterior, a sobrevinda da tutela em caráter definitivo.

3. A tutela provisória dispõe como características a cognição rarefeita acerca do preenchimento de alguns requisitos, a variar de acordo com sua espécie, se de evidência ou de urgência e, ainda, se antecipada ou cautelar. Referidos requisitos são claros e não se confundem, logo, não há que se falar em fungibilidade entre as tutelas provisórias de urgência e evidência.

4. O Novo CPC estabelece novo modelo de processo, com luzes à cooperação e ao respeito da vontade das partes, dando ainda maior obrigatoriedade à observância das normas fundamentais do processo, valorizando a segurança jurídica, a integridade e uniformidade das decisões judiciais.

5. Como dito, a tutela provisória fora seccionada em *tutela de urgência e tutela da evidência*. A *tutela de urgência*, ainda, vista sob duas espécies, a tutela cautelar e a tutela antecipada. Aquilo que identifica estas é sua fundação em perigo ou lesão pela demora.

6. É lugar comum apontar como motivo de morosidade do processo a pouca estrutura dos Tribunais ou a quantidade de servidores e magistrados em número insuficiente a contribuir com a entrega do processo em tempo adequado. Mas também é verdade que a demora do processo, por vezes, tem como causa atos perpetrados por uma das partes com o intuito deliberado em retardar a demanda.

7. A sensação comum, por isso, era a de que parecia mais confortável ao demandado, à época do Código revogado, aguardar a decisão final desfavorável em momento posterior do que envidar esforços para o cumprimento da obrigação que recaía em seus ombros. Porque essa sistemática atentaria não somente a princípios processuais da lealdade e boa-fé, como também ao princípio constitucional do devido processo legal, temos agora que a tutela provisória é verdadeira distribuição do ônus do tempo no processo.

8. Até então o autor era ele próprio a sofrer com a morosidade esperada ou o retardo provocado intencionalmente no processo. No Novo Código a tutela provisória buscará o equilíbrio dessa equação tempo e efetividade.

9. A tutela definitiva é aquela obtida após cognição exauriente, em que fora possível amplo e intenso debate acerca do objeto posto a deslinde e, por isso, será aquela a substituir a tutela provisória. Assim acontecendo exsurge no processo decisão apta ao atingimento da coisa julgada. Diferentemente daquilo que acontece com a tutela provisória que, porque em cognição sumária, inapta ao atingimento da coisa julgada, sob quaisquer aspectos.

10. Sob as vestes constitucionais, o trânsito em julgado é a materialização do Estado Democrático de Direito em seu viés quanto à segurança jurídica.

11. A tutela definitiva pode ser satisfativa ou não satisfativa. Em outras palavras, pode ser antecipada ou cautelar. Esta, inclusive, tem como características a referibilidade e a temporariedade. Dito isso, é equivocada a opção do legislador em alocar a tutela cautelar como espécie de tutela provisória uma vez que se trata de tutela sob o signo da temporariedade e não propriamente da provisoriedade.

12. Tanto é claro o seu caráter temporário, que a tutela cautelar cessa sua eficácia quando as circunstâncias que ensejaram seu deferimento não mais exigirem sua proteção ou quando se dá o acontecimento da tutela definitiva. O provisório é aquilo que tende a ser substituído em dado momento, enquanto que o temporário, porque com datas marcadas ao seu acontecimento e seu desfecho, não seria substituído por acontecimento algum, tendente sempre à definitividade.

13. O novel legislador achou por bem, quanto aos requisitos para a consecução da tutela de urgência, homogeneizar o requisito atinente à probabilidade, tanto à cautelar quanto à antecipada. É o que dispõe o art. 300, *caput*, do CPC/2015.

14. Manteve o legislador, concernente à efetivação da tutela antecipada, aquilo que já se fazia sob o regime da execução provisória. Além disso, no art. 139, IV, CPC/2015, dispôs de rol exemplificativo de possibilidades à disposição do magistrado para a garantia do cumprimento da decisão judicial e, com isso, proporcionando o preceito constitucional da efetividade das decisões.

15. O que no CPC de 1973 havia maior cuidado com relação à tipicidade das tutelas cautelares, optou o NCPC por enumerar somente quatro espécies de tutela cautelar e, assim o fazendo, deixou às considerações do magistrado, valendo-se do Poder Geral de Cautelar, determinar as medidas que ao seu sentir seriam necessárias à garantia do processo.

16. As tutelas provisórias de urgência, antecipada e antecedente, assim prevê o legislador, podem ser requeridas em diversos momentos no processo, ainda que propriamente não tenha havido sua deflagração. A nosso entender caminhou adequadamente o legislador a fim de garantia da celeridade e efetivação das decisões, quando da criação do instituto agora conhecido como *tutela provisória de urgência antecipada antecedente,* disposto no art. 303 do CPC/2015.

17. O regramento geral da tutela provisória estabelece no art. 302 do CPC verdadeiro regime de indenizações. Independentemente da reparação por dano processual, o prejuízo eventualmente sofrido com a efetivação da tutela de urgência deverá ser medido e ressarcido sempre que sobrevier: sentença desfavorável; obtida liminarmente a tutela em caráter antecedente, não fornecer os meios necessários para a citação do requerido no prazo de cinco dias; quando ocorrer a cessação da eficácia da medida em qualquer hipótese legal; e quando o juiz acolher alegação de decadência ou de prescrição. Referido sistema somente tem atingimento às tutelas de urgência, não havendo cabimento em se falar quanto à tutela da evidência.

18. Na vigência do CPC de 1973 havia intenso debate doutrinário acerca dos requisitos quanto à *prova inequívoca* e *verossimilhança das alegações,* enquanto que aferíveis à tutela satisfativa, e a *probabilidade* a ser observado à cautelar. O NCPC igualou o grau de convencimento necessário à concessão de ambas as tutelas provisórias de urgência especificamente à probabilidade e os elementos que a evidenciam. Houve, pois, verdadeira homogeneização da probabilidade.

19. Dessa forma, alguns são os pontos de encontro entre as tutelas de urgência: fundam-se em perigo, o requisito quanto à probabilidade é, grosso modo, homogêneo, podem ser manejadas de forma incidental e antecedente.

20. Poderá o magistrado, porque não há padrão legal de análise, convencido da boa argumentação do requerente, porque verossímil, por vezes esquematizado e bem suportado seu enredo de argumentações, conceder a tutela provisória de urgência, desde que perfeito também o requisito quanto ao *periculum in mora.*

21. Nesse diapasão, inclusive, temos, agora, a possibilidade de *fungibilidade* indiscriminada entre as tutelas provisórias de urgência. Significa dizer, pois, que, ainda que requerida tutela antecipada, caso tenha havido equívoco por parte daquele que peticiona, poderá o magistrado, adequando o requerimento, conceder a tutela cautelar, e vice-versa, que, ao menos em consideração a esta última, não seria possível fazer o caminho inverso.

22. Para o deferimento da tutela provisória de urgência antecipada há a necessidade do preenchimento dos requisitos quanto à probabilidade e à lesão ou perigo, bem como deve ser levada em consideração a inexistência do *periculum in mora in reverso.*

23. A tutela provisória de urgência antecipada antecedente inova em nosso sistema processual eis que cria uma microssistemática que permite a estabilização da tutela provisória a depender do requerimento daquele a quem aproveita a medida.

24. O julgador, e isto há de ficar assentado, quando do deferimento de tutela em cognição sumária, nada declara, seguindo restrito à ideia e julgamento quanto à probabilidade da existência do direito, somente. A ausência de motivação faz com que a decisão seja inexistente, enquanto que a fundamentação deficiente faz com que a decisão seja nula.

25. A tutela provisória de urgência antecipada incidental é aquela que, na rotina forense, terá maior volume, sem dúvida, e seu requerimento é feito de forma contemporânea ou posterior à postulação do pedido final, se na petição inicial, ou em sua insurgência, na contestação, bem como ao longo do processo.

26. A tutela provisória de urgência antecipada antecedente cinge-se em petição simples e objetiva que possui o condão de deflagrar o processo naqueles casos em que a urgência for contemporânea à ação com a necessidade apenas de apontamento daquele que deve ser o pedido final.

27. Uma vez deflagrado o processo com a petição inicial que requer a tutela provisória de urgência antecipada antecedente o magistrado, quando de sua análise, caso sobressaia o indeferimento, oportunizará ao autor prazo de 5 (cinco) dias para que este emende a petição inicial, sob pena de indeferimento e consequente extinção do processo sem resolução do mérito.

28. Se a decisão do magistrado importar em juízo positivo, deferindo a tutela provisória de urgência antecipada e antecedente, deverá o autor, em 15 (quinze) dias ou em prazo maior que o juiz lhe fixar, retornar ao processo a fim de proceder ao seu aditamento. De outro turno, terá o réu a tarefa de interpor o recurso atinente e, se assim não o fizer, implicará estabilização da tutela provisória concedida e consequente extinção do processo sem resolução do mérito. Em outras palavras, ainda que assista razão ao autor e não tenha o réu motivo suficiente à interposição do competente recurso, pelo que dispõe o CPC, deverá o réu, mesmo assim, provocar a instância superior para tão somente o processo em primeiro grau não ser extinto e ele, réu, pior ainda, descompassado da ideia de processo civil menos formal e efetivo, se vir na obrigação de propor nova ação a debater aquilo que o faria em contestação.

29. Quaisquer interpretações acerca de possibilitar ao réu o debate em primeiro grau, ainda que não interposto o recurso, como, por exemplo, simples petição em primeiro grau, oferecimento antecipado de contestação ou qualquer outra sugestão, a nosso ver, inova no sistema legislativo proposto pelo CPC de 2015.

30. O aditamento a ser feito pelo autor tem dupla função, mas esta avaliação depende de o autor, na petição inicial que deflagrara o processo, haver mencionado valer-se ou não daquilo que dispõe o § 5º do art. 303 do CPC.

31. Caso o autor tenha deflagrado o processo valendo-se da possibilidade de fazê-lo somente com o requerimento da tutela provisória de

urgência antecipada de forma antecedente, sem, no entanto, mencionar o parágrafo apontado, significa que o aditamento servirá à manutenção do autor em litigar com o réu eis que não somente conservará os efeitos da tutela provisória concedida como também deduzirá todas as circunstâncias fáticas e jurídicas, até mesmo podendo cumular pedidos, e oportunizando ao réu o oferecimento de sua resposta.

32. Entretanto, quando o autor deflagra o procedimento apontando valer-se da previsão mencionada, o aditamento servirá apenas como condição de manutenção dos efeitos da tutela provisória concedida, sem, no entanto, manter a sobrevida do processo que, se contar com a inação do réu, terá seu desfecho na extinção do processo sem resolução do mérito, muito embora mantidos os efeitos da tutela provisória que, agora, se vê estável.

33. Ainda que o autor mencione valer-se do § 5º do art. 303, caso haja interesse, por parte do réu, em debater o mérito do processo, deverá haver a interposição do recurso cabível à espécie.

34. O autor é quem opta pela microssistematização do debate. Caso a ele, autor, não interesse o debate acerca do mérito do pedido, mas a análise, ainda que perfunctória, dos requisitos processuais e posteriormente deferimento da tutela provisória e isto, sozinho, já faz o exaurimento da pretensão do autor, este optou pela utilização do microssistema da tutela provisória de urgência antecipada no formato antecedente.

35. Assim agindo o autor, o réu, que não pretende o debate acerca do mérito, tem a confiança que, ainda que não interponha o recurso, o aditamento da petição inicial não servirá à sobrevida do processo, mas tão somente à manutenção dos efeitos da tutela provisória até então concedida.

36. Dessa forma é o autor quem opta pela possibilidade de acontecimento da microssistematização da tutela provisória de urgência antecipada e antecedente.

37. O § 5º do art. 303, portanto, opera verdadeira mitigação ao princípio da *primazia da tutela de mérito*.

38. Os honorários sucumbenciais poderão também ser reduzidos pela metade (art. 90, § 4º c.c. art. 701, § 1º, todos do NCPC) e não haverá a necessidade de pagamento de custas processuais, o que demonstra o incentivo do próprio legislador quanto à brevidade dos processos.

39. Caso o autor, diante de urgência a não suportar a adequada e pormenorizada elaboração da petição inicial, sob pena de perdimento do direito, optar por deflagrar o processo sem, no entanto, apontar aquilo disposto no art. 303, § 5º, do NCPC, sabe-se, pois, que somente houve um fatiamento da petição inicial, mas que, em momento futuro, haverá seu aditamento e consequente debate acerca do mérito, tendo sido ou não interposto o recurso pelo réu.

40. O que se cria obstáculo é que, pela sistemática introduzida pelo § 5º do art. 303 do NCPC, não há que se falar em possibilidade de discussão acerca do mérito em mesmo local e momento em que já se discutiu a antecipação dos efeitos da tutela jurisdicional, sobretudo porque não seria esperado pelo réu que não agravou por instrumento.

41. A tutela antecipada, concedida nos termos do art. 303, segundo aquilo disposto no art. 304 do NCPC, torna-se estável se da decisão que a conceder não for interposto o respectivo recurso. Recurso este, seja dito, é o de agravo de instrumento haja vista que a estabilização somente ocorre em primeiro grau.

42. A estabilização hoje prevista no procedimento comum não nos é inédita eis que esta técnica é há muito conhecida por nós como *monitorização* onde antes havia procedimento especial na ação monitória e, hoje, faremos utilização dela em ampla escala no procedimento comum.

43. A referida estabilização tem assento no Direito italiano, na sistemática da *tutela sumária*, em contraponto à tutela de *cognição plena.* No Direito francês é conhecida como *référé.*

44. Somente o agravo de instrumento, perante a sistemática do art. 303, § 5º, do NCPC, poderia evitar a estabilidade. Quaisquer outros instrumentos, além do agravo de instrumento, que possam servir a evitar a estabilização da tutela concedida, como a suspensão da liminar ou a contestação, permitiria leitura em sentido contrário daquilo que prevê expressamente o art. 304 quando menciona a necessidade de interposição do respectivo recurso. E assim deve ser entendido porque se imaginarmos qualquer outro tipo de intervenção pelo réu esta se dará em requerimento que não mais será antecedente, mas incidental ao processo.

45. A decisão estabilizada, sob o signo da sumariedade, jamais será apta ao atingimento da coisa julgada, em nenhuma hipótese.

46. Estabilizada a tutela provisória concedida e extinto o processo sem resolução de mérito, haverá a possibilidade, tanto para autor quanto para réu, de este propor ação de impugnação à tutela provisória, pretendendo rever, reformar ou invalidar, e aquele propor ação de confirmação da tutela provisória em prazo previsto legalmente em dois anos.

47. Referido prazo de dois anos não é decadencial nem muito menos guarda relação, tampouco atenta contra os prazos prescricionais estabelecidos na legislação material, podendo quaisquer das partes, inclusive, propor ação em momento posterior ao prazo referendado.

48. Caso a ação seja proposta pelo réu dentro do prazo estabelecido no art. 304 do NCPC, somente nova decisão de mérito poderá pretender rever, reformar ou invalidar a decisão estabilizada.

49. Se a propositura da ação se der em momento outro maior que o prazo estabelecido, sustentamos que haverá a necessidade não somente da resolução do mérito como também do alcance da coisa julgada para somente assim se pretender a revogação, reforma ou invalidação da tutela provisória que, agora, em grau maior de estabilidade – *superestabilidade.*

BIBLIOGRAFIA

ALEXY, Robert. *Teoria dos direitos fundamentais*. Trad. Virgílio Afonso Silva. São Paulo: Malheiros, 2008.

ALMEIDA, Diogo Assumpção Rezende de. *A prova pericial no processo civil*. O controle da ciência e a escolha do perito. Rio de Janeiro: Renovar, 2011.

ALVES, José Carlos Moreira. *A parte geral do projeto de Código Civil brasileiro*. São Paulo: Saraiva, 1986.

_____. *A parte geral do projeto do Código Civil*. Disponível em: <http://www.cjf.gov.br/revista/numero9/artigo1.htm>. Acesso em: 24 nov. 2002.

ALVIM, Angelica Arruda (org.). *Novo Código de Processo Civil*. Rio de Janeiro: GZ, 2016. v. 1, 387p.

_____ (org.); ASSIS, A. (org.); ALVIM, Eduardo Pellegrini de Arruda (org.); LEITE, G. S. (org.). *Comentários ao Código de Processo Civil*. São Paulo: Saraiva, 2016. v. 1, 1.245p.

ALVIM, Arruda; ASSIS, Araken de; ARRUDA ALVIM, Eduardo. *Comentários ao Código de Processo Civil*. Rio de Janeiro: GZ, 2012.

ALVIM, Eduardo Pellegrini de Arruda. A raiz constitucional da antecipação de tutela. *Revista Forense* (Impresso), v. 401, p. 127-149, 2009.

____. Antecipação da tutela. Curitiba: *Juruá,* 2008.

_____. Antecipação de tutela e sentença de improcedência: caminhos e alternativas. *Revista Forense*, v. 392, p. 41, 2007.

_____; GRANADO, D. W. Ampliação dos limites objetivos da coisa julgada no Novo Código de Processo Civil. *Revista Forense* (Impresso), v. 421, p. 73, 2015.

_____; _____ (org.); ABBOUD, G. (org.); ARRUDA ALVIM, Teresa. *Agravo de instrumento*. São Paulo: RT, 1991.

_____; THAMAY, R. F. K.; GRANADO, D. W. *Processo constitucional*. São Paulo: RT, 2014. v. 1, 493p.

AMARAL, Rafaela Almeida do. Tutela inibitória e concorrência desleal. *Revista de Direito Processual Civil*, 21, Curitiba: Genesis.

ANDOLINA, Italo; VIGNERA, Giuseppe. *Il modelo costituzionale dei processo civile italiano*. Torino: Giappichelli, 1990.

ANDRIOLI, Virgilio. *Commento al Codice di Procedura Civile*. Napoli: Jovene, 1964. v. 4.

ARAGÃO, Paulo Cezar. Reflexões sobre as sentenças determinativas. *Revista de Processo*, São Paulo, n. 2, 1976, p. 159.

ARAÚJO, José Henrique Mouta. A resolução parcial de mérito e a coisa julgada progressiva: reflexos no sistema processual como forma de assegurar a brevidade da prestação jurisdicional. Tese de doutoramento. Belém: Universidade Federal do Pará, 2006.

_____. *Coisa julgada progressiva e resolução parcial do mérito*. Curitiba: Juruá, 2007.

ARENHART, Sérgio Cruz. *A tutela inibitória coletiva*. São Paulo: RT, 2003.

_____. *A tutela inibitória da vida privada*. São Paulo: RT, 2000.

_____. A verdade substancial. *Revista de Direito Processual Civil*, Curitiba: Gênesis, n. 3, 1996.

_____; MARINONI, Luiz Guilherme. *Curso de processo civil/Processo de conhecimento*. 7. ed. São Paulo: RT, 2008. v. 2.

ARMELIN, Donaldo. A tutela jurisdicional cautelar. *Revista da Procuradoria-Geral do Estado de São Paulo*, 23, São Paulo.

_____. *Legitimidade para agir no direito processual civil brasileiro*. São Paulo: RT, 1979.

_____. Tutelas jurisdicionais diferenciadas. In: MARINONI, Luiz Guilherme (coord.). *O processo civil contemporâneo*. Curitiba: Juruá, 1994.

AROCA, Juan Montero. *La prueba em el proceso civil*. 3. ed. Madrid: Civitas, 2002.

ARRUDA ALVIM, José Manoel. *Código de Processo Civil comentado*. São Paulo: RT, 1975. v. 1.

_____. *Manual de direito processual civil*. 8. ed. São Paulo: RT, 2003. v. 2.

_____. *Manual de direito processual civil*. 9. ed. São Paulo: RT, 2005. v. 2.

_____. Notas sobre a disciplina da antecipação de tutela no Lei n. 10.444, de maio de 2002. In: ALVIM, Arruda; ARRUDA ALVIM, Eduardo (coord.). *Inovações sobre o direito processual civil*: tutelas de urgência. Rio de Janeiro: Forense, 2003.

_____. Questões controvertidas sobre os poderes instrutórios do juiz, a distribuição do ônus probatório e a preclusão *pro judicato* em matéria de prova. In: DIDIER JR., Fredie; NALINI, José Renato; RAMOS, Glauco Gumerato; LEVY, Wilson (coord.). *Ativismo judicial e garantismo processual*. Salvador: JusPodivm, 2013.

ARRUDA ALVIM, Teresa. *Medida cautelar, mandado de segurança e ato judicial*. São Paulo: RT, 1994.

ARRUDA ALVIM NETTO, J. M. de. Ação incidental de falsidade ideológica de laudo pericial – Preclusão – Sentido da palavra documento. *RePro* 54, São Paulo: RT.

_____. Anotações sobre a medida liminar em mandado de segurança. *RePro* 39, São Paulo: RT.

_____. *Manual de direito processual civil*. São Paulo: RT, 1986. v. 1 e 2.

_____. O destinatário da norma do art. 686, n. V, do Código de Processo Civil. *RePro* 6, São Paulo: RT.

_____. Obrigações de fazer e não fazer – direito material e processo. *RePro* 99, São Paulo: RT.

_____. *Tratado de direito processual civil*. São Paulo: RT, 1990. v. 1.

_____. Tutela antecipatória (Algumas noções – Contrastes e coincidências em relação às medidas cautelares satisfativas). In: TEIXEIRA, Sálvio de Figueiredo (coord.). *Reforma do Código de Processo Civil*. São Paulo: Saraiva, 1996.

_____; PINTO, Nélson Luiz. *Repertório de jurisprudência e doutrina sobre processo cautelar*. São Paulo: RT, 1991.

ASSIS, Araken de. Breve contribuição ao estudo da coisa julgada. *Revista da Ajuris*, Porto Alegre: Ajuris, n. 46, 1989.

_____. *Doutrina e prática do processo civil contemporâneo*. São Paulo: RT, 2001.

_____. *Manual do processo de execução*. Porto Alegre: Lejur, 1987. v. 1 e 2.

ÁVILA, Humberto. "Neoconstitucionalismo": entre a "ciência do direito" e o "direito da ciência". *Rede-Revista Eletrônica de Direito do Estado*, n.17, jan.-fev.-mar. 2009.

_____. *Teoria dos princípios*. 8. ed. São Paulo: Malheiros, 2008.

BARBOSA MOREIRA, José Carlos. A Constituição e as provas ilicitamente obtidas. *Temas de direito processual* – 6ª série. São Paulo: Saraiva, 1996.

_____. A motivação das decisões judiciais como garantia inerente ao Estado de Direito. *Temas de direito processual civil* – 2ª série. 2. ed. São Paulo: Saraiva, 1988

_____. A tutela específica do credor nas obrigações negativas. *Temas de direito processual* – 2ª série. São Paulo: Saraiva, 1980.

_____. Antecipação da tutela: algumas questões controvertidas. *Temas de direito processual*. São Paulo: Saraiva, 2004.

_____. Coisa julgada e declaração. *Temas de direito processual*. São Paulo: Saraiva, 1977.

_____. Conteúdo e efeitos da sentença: variações sobre o tema. *Temas de direito processual* – 4ª série. São Paulo: Saraiva, 1984.

_____. Eficácia preclusiva da coisa julgada material no sistema do processo civil brasileiro. *Temas de direito processual*. São Paulo: Saraiva, 1977.

_____. Notas sobre o problema da "efetividade" do processo. *Temas de direito processual* – 3ª série. São Paulo: Saraiva, 1984.

_____. *O novo processo civil brasileiro*. 21. ed. Rio de Janeiro: Forense, 2000.

_____. *O novo processo civil brasileiro*. 23. ed. Rio de Janeiro: Forense, 2005.

_____. Os novos rumos do processo civil brasileiro. *Ajuris* 62.

_____. Processo civil e direito à preservação da intimidade. *Temas de direito processual* – 2ª série. São Paulo: Saraiva, 1980.

_____. Tendências na execução de sentença e ordens judiciais. *Temas de direito processual* – 4ª série. São Paulo: Saraiva, 1989.

_____. Tutela sancionatória e tutela preventiva. *Temas de direito processual* - 2ª série. São Paulo: Saraiva, 1980.

BARROSO, Luís Roberto. Fundamentos teóricos e filosóficos do novo direito constitucional brasileiro (pós-modernidade, teoria crítica e pós-positivismos). In: BARROSO, Luís Roberto (org.). *A nova interpretação constitucional*. Rio de Janeiro: Renovar, 2003.

BEDAQUE, José Roberto dos Santos. Juiz, processo e justiça. In: DIDIER JR., Fredie; NALINI, José Renato; RAMOS, Glauco Gumerato; LEVY, Wilson (coord.). *Ativismo judicial e garantismo processual*. Salvador: JusPodivm, 2013.

_____. *Poderes instrutórios do juiz*. 3. ed. São Paulo: RT, 2001.

_____. *Tutela cautelar e tutela antecipada*: tutelas sumárias e de urgência (tentativa de sistematização). 2. ed. São Paulo: Malheiros, 2001.

_____. *Tutela cautelar e tutela antecipada*: tutelas sumárias e de urgência (tentativa de sistematização). 3. ed. São Paulo: Malheiros, 2003.

BERMUDES, Sérgio. *A reforma do Código de Processo Civil*. 2. ed. São Paulo: Saraiva, 1996.

BRAGA, Paula Sarno. O inciso V do art. 14 do CPC e a estipulação de um novo dever de lealdade, que visa assegurar, em última análise, a efetividade dos provimentos mandamentais e de outros provimentos judiciais, antecipatórios e finais. *Revista Dialética de Direito Processual*, São Paulo: Dialética, n. 19, 2004.

BUENO, Cássio Scarpinella. *Manual de direito processual civil*: inteiramente estruturado à luz do novo CPC, de acordo com a Lei 13.256, de 4-2-2016. 2 ed. rev., atual. e ampl. São Paulo: Saraiva, 2016.

_____. *Tutela antecipada*. São Paulo: Saraiva, 2004.

_____. Tutela antecipada e ações contra o Poder Público (reflexão quanto a seu cabimento como consequência da necessidade de efetividade do processo). In: WAMBIER, Teresa Arruda Alvim (coord.). *Aspectos polêmicos da antecipação de tutela*. São Paulo: RT, 1997.

CABRAL, Antonio do Passo. A técnica do julgamento-alerta na mudança de jurisprudência. *Revista de Processo*, São Paulo: RT, n. 221, 2013.

_____. *Coisa julgada e preclusões dinâmicas*. Salvador: JusPodivm, 2013.

_____. *Coisa julgada e preclusões dinâmicas*. 2. ed. Salvador: JusPodivm, 2014.

_____. Da sentença ao conteúdo mandamental: proposta de sistematização do regime jurídico para as ordens judiciais. In: DIDIER JR., Fredie; GOUVEIA FILHO, Roberto Campos; NOGUEIRA, Pedro Henrique Pedrosa (coord.). *Pontes de Miranda e o direito processual*. Salvador: JusPodivm, 2103.

CALMON DE PASSOS, J. J. *Comentários ao Código de Processo Civil*. 9. ed. Rio de Janeiro: Forense, 2005. v. 3.

_____. Da antecipação da tutela. In: TEIXEIRA, Sálvio de Figueiredo (coord.). *Reforma do Código de Processo Civil*. São Paulo: Saraiva, 1996.

CÂMARA, Alexandre Freitas. Doenças preexistentes e ônus da prova: o problema da prova diabólica e uma possível solução. *Revista Dialética de Direito Processual*, São Paulo: Dialética, n. 31, 2005.

_____. *Lições de direito processual civil*. 9. ed. Rio de Janeiro: Lumen Juris, 2003. v. 1.

_____. *Lições de direito processual civil*. 10. ed. Rio de Janeiro: Lumen Juris, 2004. v. 1.

_____. Poderes instrutórios do juiz e processo civil democrático. In: DIDIER JR., Fredie; NALINI, José Renato; RAMOS, Glauco Gumerato; LEVY, Wilson (coord.). *Ativismo judicial e garantismo processual*. Salvador: JusPodivm, 2013.

CANOTILHO, José Joaquim Gomes. *Direito constitucional e teoria da Constituição*. 6. ed. Lisboa: Almedina, 2002.

CARMONA, Carlos Alberto. A prova pericial e a alteração do Código de Processo Civil. In: TEIXEIRA, Sálvio de Figueiredo (coord.). *Reforma do Código de Processo Civil*. São Paulo: Saraiva, 1996.

CARNEIRO, Athos Gusmão. Aspectos da antecipação da tutela – CPC, art. 273. *Revista de Direito Processual Civil*, 9, Curitiba: Gênesis.

_____. *Audiência de instrução e julgamento e audiências preliminares*. 9. ed. Rio de Janeiro: Forense, 2001.

_____. *Da antecipação de tutela*. 5 ed. Rio de Janeiro: Forense, 2004.

_____. *Da antecipação da tutela no processo civil*. Rio de Janeiro: Forense, 1998.

_____. *Intervenção de terceiros*. 13. ed. São Paulo: Saraiva, 2001.

_____; TEIXEIRA, Sálvio de Figueiredo. *Exposição de motivos (reforma do processo civil)*. Estatuto da magistratura e reforma do processo civil. Belo Horizonte: Del Rey, 1993.

CARNELUTTI, Francesco. *A prova civil*. Trad. Lisa Pary Scarpa. 2. ed. Campinas: Bookseller, 2002.

_____. *Diritto e processo*. Napoli: Jovene, 1958.

_____. *Instituciones del proceso civil*. Trad. Santiago Santis Melendo. Buenos Aires: EJEA, 1973. v. I.

CARRAZZA, Roque Antonio. Segurança jurídica e eficácia temporal das alterações jurisprudenciais. In: NERY JR., Nelson; CARRAZZA, Roque Antonio; FERRAZ JR., Tércio Sampaio. *Efeito* ex nunc *e as decisões do STJ*. Barueri: Manole, 2007.

COSTA, Eduardo José da Fonseca. Sentença cautelar, cognição e coisa julgada – reflexões em homenagem à memória de Ovídio Baptista. *Revista de Processo*, São Paulo: RT, n. 191, 2011.

_____. Tutela de evidência no Projeto de novo CPC – uma análise de seus pressupostos. *O futuro do processo civil no Brasil* – uma análise crítica ao projeto de novo CPC. Belo Horizonte: Fórum, 2011.

CUNHA, Leonardo José Carneiro da. O § 6º do art. 273 do CPC: tutela antecipada parcial ou julgamento antecipado parcial da lide? *Revista Dialética de Direito Processual*, São Paulo: Dialética, n. 1, 2003.

_____. Tutela jurisdicional de urgência no Brasil: relatório nacional (Brasil). *Revista de Processo*, São Paulo: RT, n. 219, 2003.

DENTI, Vittorio. *La giustizia civile.* Bologna: II Mulino, 2004.

DIDIER JR., Fredie. Cláusulas gerais processuais. *Revista de Processo*, São Paulo, n. 187, 2010, p. 73.

_____. *Pressupostos processuais e condições da ação*: o juízo de admissibilidade do processo. São Paulo: Saraiva, 2005.

_____; BRAGA, Paula Sarno; OLIVEIRA, Rafael Alexandria de. *Curso de direito processual civil*: teoria da prova, direito probatório, ações probatórias, decisão, precedente, coisa julgada e antecipação dos efeitos da tutela. 10. ed. Salvador: JusPodivm, 2015. v. 2.

_____; JORGE, Flávio Cheim; RODRIGUES, Marcelo Abelha. *A nova reforma processual.* 2. ed. São Paulo: Saraiva, 2003.

DINAMARCO, Cândido Rangel. *Fundamentos do processo civil moderno.* 3. ed. São Paulo: Malheiros, 2000.

DUARTE, Antonio Aurélio Abi Ramia. *Flexibilização procedimental nos juizados especiais estaduais.* Rio de Janeiro: Editora JC, 2014.

FABRÍCIO, Adroaldo Furtado. Breves notas sobre provimentos antecipatórios, cautelares e liminares. In: BARBOSA MOREIRA, José Carlos (coord.). *Estudos de direito processual em memória de Luiz Machado Guimarães.* Rio de Janeiro: Forense, 1999.

FUX, Luiz. *Curso de direito processual civil.* Rio de Janeiro: Forense, 2001.

_____. *Curso de direito processual civil.* 3. ed. Rio de Janeiro: Forense, 2005.

_____. *Tutela antecipada e locações.* 2. ed. Rio de Janeiro: Destaque, 1996.

_____. *Tutela de segurança e tutela de evidência.* São Paulo: Saraiva, 1996.

GRECO, Leonardo. A defesa na execução imediata. In: DIDIER JR., Fredie (coord.). *Execução civil* – estudos em homenagem ao Professor Paulo Furtado. Rio de Janeiro: Lumen Juris, 2006.

_____. A tutela de urgência e a tutela de evidência no Código de Processo Civil de 2014/2015. *Revista Eletrônica de Direito Processual*, Rio de Janeiro: s/ed, 2014, n. 14. Disponível em: <http:www.redp.com.br>. Acesso em: 2 jan. 2015.

_____. *Jurisdição voluntária moderna.* São Paulo: Dialética, 2003.

_____. *O processo de execução.* Rio de Janeiro: Renovar, 2001. v. 2.

LIEBMAN, Enrico Túlio. *Eficácia e autoridade da sentença e outros escritos sobre a coisa julgada.* 4. ed. Rio de Janeiro: Forense, 2006.

_____. Limites objetivos da coisa julgada. *Estudos sobre o processo civil brasileiro.* São Paulo: Bestbook, 2004.

LOPES, Bruno Vasconcelos Carrilho. *Tutela antecipada sancionatória*. São Paulo: Malheiros, 2006.

LUCON, Paulo Henrique dos Santos. Nova execução de títulos judiciais e a sua impugnação. In: WAMBIER, Teresa (coord.). *Aspectos polêmicos da nova execução*. São Paulo: Atlas, 2006.

MACHADO, Antônio Cláudio da Costa. *Código de Processo Civil interpretado (artigo por artigo, parágrafo por parágrafo)*. 3. ed. São Paulo: Saraiva, 1997.

_____. *Tutela antecipada*. São Paulo: Oliveira Mendes, 1998.

MARINONI, Luiz Guilherme. *Antecipação da tutela*. 12. ed. São Paulo: RT, 2011.

_____. *Formação da convicção e inversão do ônus da prova segundo as peculiaridades do caso concreto*. Disponível em: <http://www.marinoni.adv.br/principal/pub/ anexos/2007061901315330.pdf>. Acesso em: 13 dez. 2007.

_____. *Tutela antecipatória, julgamento antecipado da lide e execução imediata da sentença*. 2. ed. São Paulo: RT, 1998.

MAZZEI, Rodrigo. O Código Civil de 2002 e o Judiciário: apontamentos na aplicação das cláusulas gerais. In: DIDIER JR., Fredie; MAZZEI, Rodrigo (org.). *Reflexos do Novo Código Civil no direito processual*. Salvador: JusPodivm, 2006.

MELLO, Celso Antônio Bandeira de. *Ato coator*. Mandado de segurança. Porto Alegre: Fabris/IAB, 1986.

MITIDIERO, Daniel Francisco. *Antecipação da tutela*. São Paulo: RT 2013.

_____. Coisa julgada, limites objetivos e eficácia preclusiva. *Introdução ao estudo do processo civil* – primeiras linhas de um paradigma emergente. Porto Alegre: Sergio Antonio Fabris Editor, 2004.

_____. *Processo cautelar*. 3. ed. Rio de Janeiro: Forense, 2006

_____. Sentenças parciais de mérito e resolução definitiva-fracionada da causa. *Revista de Direito Processual Civil*, Curitiba, Gênesis, n. 31, 2004.

NEVES, Daniel Amorim Assumpção. *Manual de direito processual civil*. 5. ed. São Paulo: Método.

_____. *Manual de direito processual civil* – volume único. 8. ed. Salvador: JusPodivm, 2016.

_____. O princípio da comunhão da prova. *Revista Dialética de Direito Processual*, São Paulo: Dialética, 2005.

_____. Tutela antecipada sancionatória. *Revista Dialética de Direito Processual*, São Paulo: Dialética, n. 43, 2006.

PAIM, Gustavo Bohrer. O référé francês. *Revista de Processo*, v. 203, jan. 2012.

PINHO, Humberto Dalla Bernardina de. *Teoria geral do processo civil contemporâneo*. Rio de Janeiro: Lumen Juris, 2007.

PINTO, Nelson Luiz. A antecipação de tutela como instrumento de efetividade do processo e de isonomia processual. Revista de Processo, v. 105, 2000.

_____. A antecipação de tutela como instrumento de efetividade do processo e de isonomia processual. Revista de Processo, v. V, p. 607-630, 2011.

_____. A antecipação de tutela como instrumento de efetividade e de isonomia. *Revista Justiça & Cidadania*, v. 123, p. 38-43, 2010.

_____. Aspectos especiais da antecipação da tutela. *Revista do Direito Internacional e Econômico*, v. I, out.-dez. 2002.

_____. *Introdução aos recursos cíveis princípios, teoria geral e admissibilidade*. Santa Cruz do Sul: Essere nel Mondo, 2014. v. 1, 59p.

_____. *Manual dos recursos cíveis*. 3. ed. São Paulo: Malheiros, 2002.

_____. Medidas cautelares – poder cautelar geral do juiz. *Revista de Processo*, v. 59, p. 179-186, 1981.

_____. *Temas relevantes de processo civil*: o novo processo civil e a Constituição Federal. Santa Cruz do Sul: Essere nel Mondo, 2015. v. 1, 220p.

SANT'ANNA, Paulo Afonso de Souza. Antecipação da tutela na reforma do CPC (Lei nº 10.444/02). *Revista Dialética de Processo Civil*, São Paulo, n. 12, 2004.

SILVA, Ovídio Baptista da. A plenitude de defesa no processo civil, *As garantias do cidadão na justiça*. São Paulo: Saraiva, 1993.

_____. *Curso de processo civil*. Processo de conhecimento. 5. ed. São Paulo: RT, 2000. v. 1.

TALAMINI, Eduardo. Partes, terceiros e coisa julgada (os limites subjetivos da coisa julgada). In: DIDIER JR., Fredie; WAMBIER, Teresa Arruda Alvim (coord.). *Aspectos polêmicos e atuais sobre os terceiros no processo civil e assuntos afins*. São Paulo: RT, 2004.

_____. Tutela de urgência e Fazenda Pública. *Revista de Processo*, São Paulo, n. 152, ano 32, out. 2007.

TARUFFO, Michele. *La motivazione dela sentenza civile*. Padova: CEDAM, 1975.

_____. Veritá e probabilitá nella prova dei fatti. *Revista de Processo*, São Paulo: RT, v. 154, dez. 2007.

THEODORO JR., Humberto; NUNES, Dierle; BAHIA, Alexandre Melo Franco; PEDRON, Flávio Quinaud. *Novo CPC:* fundamentos e sistematização. Rio de Janeiro: Forense

_____; NUNES, Dierle; BAHIA, Alexandre. Breves considerações sobre a politização do judiciário e sobre o panorama de aplicação no direito brasileiro – Análise da convergência entre o *civil law* e o *common law* e dos problemas da padronização decisória. *Revista de Processo*, São Paulo: RT, ano 35, n. 189, 2010.

WAMBIER, Teresa Arruda Alvim. *Nulidades do processo e da sentença*. 4. ed. São Paulo: RT, 1998.

_____; WAMBIER, Luiz Rodrigues; MEDINA, José Miguel Garcia. *Breves comentários à nova sistemática processual civil*. São Paulo: RT, 2006. v. 2.

ZAVASCKI, Teori Albino. *Antecipação de tutela*. 2. ed. São Paulo: Saraiva, 1999.

Este livro foi impresso nas oficinas gráficas da Editora Vozes Ltda.,
Rua Frei Luís, 100 – Petrópolis, RJ.